JN106586

NUCB GRADUATE SCHOOL OF MANAGEMENT
BUSINESS SCHOOL

ケースメソッドMBA
実況中継│03

ビジネスモデル

Business
Model Design

名古屋商科大学
ビジネススクール准教授
小山 龍介

Discover

著者まえがき

　なぜビジネスモデルを学ぶのか。ビジネスリーダーを目指すのであれば、必ずビジネスモデルについて知る必要があるからだ。新規事業担当者だけのものではないし、経営企画担当者だけのものでもない。抽象的な経営戦略を、具体的なビジネスプロセスへと落とし込むための橋渡しとなるのが、ビジネスモデルであり、それはまさにビジネスリーダーの仕事だからだ。

　これなくしては、高尚な経営戦略も机上の空論としてただ打ち捨てられてしまうだろうし、現場は戦略的に正しいのかもわからないまま、ただただPDCAを回し続けることになる。これは失われた数十年といわれる日本のビジネス状況である。もしビジネスモデルを学ばなければ、この悲惨なビジネス状況を再生産することになるのだ。

　そのためにも、まずふたつの誤解を解いておきたい。

　ビジネスモデルは、経営戦略そのものではない。

　経営戦略は、「捨てる」ことである。さまざまなオプションの中からひとつを選び、資源を集中する。選ぶことよりも、ひとつ以外を捨てることの胆力が試される。それに対してビジネスモデルは、「つなぎ合わせる」。さまざまな資源や技術、活動をつなぎ合わせ、ビジネスとして成立させる。複雑なパズルに向き合う根気が試される。

　ビジネスモデルは、単なるビジネスプロセスでもない。

　MBAホルダーを揶揄する言葉として「現場を知らない」という言い方がある。現場では生々しいやり取りが行われ、障壁を乗り越えるための努力が重ねられていく。ビジネスプロセスひとつひとつにドラマがあるだろう。それに対してビジネスモデルの設計は、もしかしたらのんきなものかもしれ

ない。しかし、ビジネスモデルなくしては、そうしたビジネスプロセスは全体の価値へとつながっていかない。現場を徒労から救うのはビジネスモデルであり、それを扱うビジネスリーダーは、現場と一蓮托生なのである。

　抽象的な経営戦略だけを語るような浮ついた議論ではなく、また現場の苦労に目を奪われて全体が見えなくなるような視野狭窄に陥るのでもない。戦略における客観的なリアリティと、現場の主観的なアクチュアリティとが交差する領域。それが、ビジネスモデルなのである。

　だから、もしあなたがまだ現場をよく知らず、「経験が足りない」などと批判されるようなら、ビジネスモデルを学んでほしい。初めて経験する現場においても、活動のひとつひとつ、設備のひとつひとつが関連して価値を生み出しているシステムとしての〈現場〉が見えるようになるだろう。安直な経験主義的な批判は、軽々と乗り越えられる。「経験してみないとわからない」なんてことはない。人類は経験してもいないことを発明してきたではないか。

　もしあなたが現場しか知らず、「事業全体が見えていない」などと批判されるようなら、同じくビジネスモデルを学んでほしい。あなたが現場で獲得した身体知は、世界全体を直観している。その直観に光を当てるのがビジネスモデルだ。なぜ現場で問題が起こり、その問題を解決することで〈全体〉がどうなっていくのかが手にとるように見えてくる。それは、世界地図を初めて手にした経験豊かな冒険家の気分だろう。論理だけで世界を知った気になっている奴らに一泡吹かせてやるべきだ。

　心構えができたところで、ビジネスモデルを学ぶ旅に出発しよう。

2020年8月

小山龍介

CONTENTS

第1章

ケースメソッド
教育とは

竹内伸一............ 013

第2章

ケースメソッド授業の
使いこなし方

第3章

理論編
――ビジネスモデル

4

第3講

人材活用を組み込んだ
ビジネスモデル構築
人材から価値を生み出すシステム 109

第6講

未来からのバックキャスト
イノベーターの思考様式を身につける ----- 179

CASE-2

DISCUSSION

1

What is
the Case
Method

ケースメソッド教育とは

竹内伸一

名古屋商科大学ビジネススクール教授
日本ケースセンター 所長

ケースメソッド教育とは

「ケースメソッド（Case Method of Instruction）」を教える側から捉え、そこにもっとも簡単な定義を与えると、「事例（ケース）教材をもとに、学生に議論させることで学ばせる教授法」となる。しかし、これだけでは多くの読者は、いまひとつピンとこないだろう。

そこで、この教授法が用いられる場面をひとまずビジネススクールに絞って考えることにして、次のような説明を加えてみるとどうだろうか。[i]

1｜ケースには、現実の企業等、そしてそこに従事するキーパーソン等を主人公とした経営上の出来事が客観的に記述されている。また、そこには、ケース作成者による問題への分析や考察は、一切書かないことになっている。ケースが提示している問題の分析や解決に向けたアクションの構想は、すべてケースの読み手である学生の仕事であるべきなので、読み手が担うべき大切な仕事はしっかりと残されたかたちで、ケースは書かれている。

2｜教師はケースに記述された内容そのものを教えるのではなく、ケースに関する教師自身の分析や考察がどのようなものであるかを教えるのでもない。教師の役割はあくまでも、参加者に、その問題がどこからなぜ生じ、いまどのような状況にあり、これからどうなっていくかを理解させたうえで、どう対処すべきかの「議論」をさせることである。
もし教師が、ケースの内容や、「このケースはこう考えるべきだ」という自説を朗々とレクチャーしていたとしたら、教材にケースを使っていたとしても、ケースメソッド授業としては「不十分」だと言わざるを得ない。

3｜教師は、学生間の議論を司り、議論を通して教師が学ばせたい事柄（教育目的と言ったり、訓練主題と言ったり、ラーニングゴールと言ったりする）を

学ばせるために、学生による自発的で主体的な討論を妨げないように留意しつつも、議論の誘導を意図的に行っている。

教師は、議論がただ単に「盛り上がればよい」などとはひとつも思っていない。学生が本当に学んだかどうか、深く学んだかどうか、さらにいえば、議論を通して、一人一人の学生がこれまでに確信してきた事柄が少しでも「揺さぶられた」かどうかに関心がある。よって、教師は学生に対してさまざまな「揺さぶり」をかけてくる。

4｜一般的なビジネススクールでは、学生の成績評価の一定割合が、「クラス貢献点」と呼ばれる、発言の量と質に由来する点数によって構成される。よって、学生にとっては、クラスで「よい発言を数多くする」ことが、自分がよい成績を取るための重要な戦術となる。名商大ビジネススクールのどの授業においても、学生が授業時間中に教師に強い視線を向け、「いま私を指名して」という心の声を強く発しながら、粘り強く挙手し続けるのはそのためである。

このくらいの説明が加わると、ビジネススクールにおけるケースメソッド授業が少しはリアルになってきたのではないだろうか。ここまで読んで、「そういう授業に自分も参加してみたい」という気持ちが少しでも生じてきたならば、この本は最後まで一気に読めるだろう。

教育学的に見たときのケースメソッド

前節でしてみたように「ケースメソッド」を文章で説明することはどうにかできるのだが、その実現型あるいは実践型は実に多様であり、「標準的

i 竹内伸一（髙木晴夫監修）（2010）『ケースメソッド教授法入門 −理論・技法・演習・ココロ−』慶應義塾大学出版会。

な授業」というものはあるようでない。ビジネススクール型のケースメソッドの歴史は100年ほどであるが、ケースメソッドに関しては、この100年の間に標準化が進んだのではなく、むしろ慎まれてきた感さえある。本節ではこのことについて述べながら、教育のアプローチとしてのケースメソッド、そしてケースメソッドは単なる教育の手段や方法か、あるいはそれ以上のものか、という話題にも広げていきたい。

本書の目的は名古屋商科大学ビジネススクール（以下、名商大ビジネススクール）の授業紹介であるから、本書の学問上の文脈は経営学であるとしても、本章を担当している筆者は教育学の人間でもあるので、ここからしばらくはケースメソッドを教育学的に見てみようという趣旨である。

HBS（Harvard Business School）のガービン教授（David A. Garvin）によれば、この教授法の原初型は、1870年ごろから、HLS（Harvard Law School）のラングデル校長（Christopher C. Langdel）によって米国ではじまった。[ii]当初のものは、「case（裁判の判例）を用いて行われた討論授業」における教授法であるが、今日、筆者らが日常的に行っているケースメソッド教育の原点は、1920年代から同じハーバード大学のビジネススクールであるHBSではじまった、「case（経営上の問題直面場面を物語風に記述した事例教材）を用いた討論授業」である。当時の教授会記録によれば、この教授法をはじめは"Case System"と呼んでおり、のちに"Case Method"と呼ぶようになったようだ。

高等教育史を振り返ると、ケースメソッド教育は、新興の大学よりも、どちらかといえば伝統的な大学で丁寧に育まれてきたといえるだろう。学問の自由を重視する教育研究組織に奉職する大学教授たちが、教授の数だけ個別のティーチングスタイルを築き、ケースメソッド授業を多様化させ、柔軟性のある教育活動としても育んできたのである。

しかし、そこには多様性と柔軟性だけがあったのではなく、それらを束ねようとする強い求心力もあった。それが"participant centered"という

教育アプローチである。よく似た意味の語句に "student centered"（ちなみにこの反意語はteacher centered）があるが、これだと教室の主役が教師ではなく学生であることの示唆に留まり、学生を授業の主役にするための教師による数々の仕立てや仕掛けが含意されない。

　ケースメソッドが "participant centered" であり続けたことによって、ケースメソッドは「教育方法（teaching method）」という意味を超えて、「教授法（pedagogy）」という意味の次元に発展した。このことは、ケースメソッドで教える者にとっても学ぶ者にとっても、とても重要なはずである。"pedagogy" は「教育学」という意味にまで膨らみ得る語なので、ケースメソッドはもはや教育の「手法のひとつ」なのではなく、教育の「あり方」や「到達点」と考えるべきだろう。

　名商大ビジネススクールの教員会議でも、本学にとってのケースメソッドはもはや「教員個人が選択する教育の一手法」ではなく、少なくとも "participant centered approach" あるいはアクティブ・ラーニングを可能にするための「ビジネススクール教育の方法論」であり、でき得れば名商大ビジネススクールという「組織の中核的資産」であるべきだと議論されている。

ケースメソッドで「本当に」学べるのか

　ケースメソッドの代名詞のようにいわれるビジネススクールにおいても、ケースメソッド教育実践校は実際には少数派である。また、「当校ではケースメソッドを採用しています」と言えたとしても、「それが本当にケースメソッド授業といえるのか」という疑問を拭うのはそれほど簡単でない。

---

ii　Garvin, David A. (2003), "Making The Case", Harvard Magazine, Sept-Oct 2003, Vol.106, No.1, pp.55-65.

ケースメソッド教育を組織的に実践するには、相応の苦労と代償を伴うからである。大半のビジネススクールにおけるケースメソッド教育の現実的実践像は、本章の冒頭節で列挙した4点のうちの「どれかが欠けているもの」になりがちだ。

　筆者はこのことを、ことさら批判しているわけではない。これは教育の「性（さが）」であり、「宿命」なのである。HBSのデューイング教授（Arthur S. Dewing）が言うように、教育を伝授型と訓練型に二分する[iii]ならば、教育は自ずと伝授型に向かおうとする力学の中で営まれている。そこにはさまざまな合理性があり、背景もあり、教育機関という組織と、そこでの職務に従事する人間の選好もそこに反映する。

　教育界でのマイノリティであるケースメソッド教育は、ピュアに実践されていればいるほど社会から稀少視され熱いエールも受けるが、マジョリティ側からの批判も受けることになる。

　ケースメソッドが批判されるときの理由づけには、「効率的に知識習得できず、学修者の知識量が不足する」「教育効果が量的に測定できない」「授業品質のばらつきが大きく教育の質保証が難しい」「学生が討論に耐える基礎学力を有していない」「討論させるにはクラスサイズが大きすぎる」「ケース作成をはじめとする授業準備の時間が取れない」などがある。

　ここではよく述べられる理由の数々を、教育方法上の課題から教師がもつ教育資源上の課題に向かうよう並べてみたのだが、マジョリティたる伝統的な伝授型教育を所与としたときには、マイノリティたる訓練型教育を批判する理由はいくらでも出てくる。

　これに対するケースメソッド陣営からの反論には、「ケースメソッドは思考力、そして意思決定力を育む」などがある、この弁を信じようと思えば信じることもできるが、「説明説得の決め手には欠ける」と言われても、それほど強くは反論できない。あえて自虐的に言えば、「弱々しい反論」と受け取られてしまうこともある。

　「ジョージ・W・ブッシュも、マイケル・ブルームバーグも、三木谷浩史も、新浪剛史も、皆ケースメソッドで学んで活躍している」と言われて納得する人もいれば、それでは客観的なエビデンスを伴った説明にはなっていないと、疑問視する姿勢を崩さない人もいるのである。

　しかし、エビデンスこそうまくつくれていないが、専門家集団たる教授陣による膨大な経験の裏づけがあり、修了生の確かな活躍があり、実業界からの信頼もあるからこそ、ケースメソッドは社会から支持されてきた。これは真実であろう。そして、本学に関していえば、その教育のプロセスと品質はAMBAとAACSBという二つの国際認証を得る水準にあり、三つめの国際認証であるEQUISへのチャレンジ準備も進めている。

　この種の教育財（教授法を財と捉えることには違和感もあろうが）を深く理解するには、エビデンスを頼りに「他からの説明説得を得る」のではなく、歴史や思想や機構を手がかりに「自ら信頼を寄せていく」ことも必要であろう。しかし、そのような姿勢を必ずしも多くの人が持ち合わせているわけではないために、教育界全体としてはケースメソッドへのある種の不信感を拭えていないのである。

　筆者は教授法を山になぞらえて考えることがある。

　山の魅力を考えるとき、少なからざる登山愛好者が山頂からの眺望をその山の魅力の中心に置くのではないか。麓付近や中腹からの景色、あるいは登りやすさを理由に、ある山を愛することは、多くはなかろう。

　教授法にも同じようなことが言える気がしている。ケースメソッドという山は、山麓や中腹ではさまざまな問題が生じやすいが、山頂に近づけばその眺望は格別であり、手法として捉えていたときの諸問題がもはや問題でなくなっている。ケースメソッドという山の頂から経営人材育成を展望したとき、「この教授法はやはり信頼に足る」と心からそう思える。

　一方、ケースメソッドを批判する人の多くは、山の麓や中腹にいて批判

ⅲ　Dewing, Arthur S.(1954), "An Introduction to Use Cases", in McNair, Malcolm P.(ed.), The Case Method at the Harvard Business School: Papers by Present and Past Members of the Faculty and Staff, pp.1-5, McGraw-Hill.

している。筆者らは山頂付近の眺望を知ってしまったので、そのような批判ももうそれほど気にはならないのである。

ケースメソッド教育の担い手としての責任

　名商大ビジネススクールは1990年の開設で、じつはそれほど新しいビジネススクールではない。また、近年の少なからざる夜間および休日開講のビジネススクールが文科省における大学院設置区分上の「専門職大学院」であるのに対して、本学が伝統的な「学術大学院の修士課程」であることは意外と知られていない。

　世の中には「専門職大学イコール実践志向」で「学術大学院イコール研究志向」という理解があるようだが、実際にはそんなに単純な話ではない。

　このことをケースメソッドに紐づけると、次のようにいえる。

　ケースメソッド授業では、毎回n=1の単一事例をもとに議論し、他ならぬ当該の事例が到達すべきゴールのありようを、「ケースバイケース」という言葉に逃げずに、深く探究しようとする。

　この知的活動には、ただひとつの事例において問題が解決されるだけで、普遍解を得ようともしない弱腰感も、逆に、限定された事例が不当に一般化される行き過ぎ感も共存し、いずれにしても科学的探究とは言い難い。ここでは、こうした弱腰感と行き過ぎ感の両方を視野に入れ、最高学府たる大学の名に恥じないよう、経営の実践を「科学」の次元で扱うことが求められる。

　そんな新しい科学のあり方を探究していた吉田民人は、従来の科学のようにすでに生じている多事象を客観的かつ包括的に説明するのではなく、これから生じさせたい一事象を精緻に創造していこうとする営為に、「設

計科学」という概念を与えている。[iv]

　ビジネススクールの授業の中でこうした科学概念に準じた学修を進行させていこうとすると、経営の経験的知見を元手にしているだけではおそらく実現できず、重厚な知識基盤あるいは経験基盤をもったそのうえで、多サンプルの事例を客観的に捉え、恣意を排して冷静に考察していく習慣をもつ「学問」の下支えが欠かせなくなるだろう。

　高度成長期における日本の経営教育は二大専門企業研修会社が支え、大学は企業の期待には必ずしも応えられずにいた。[v]この時期の経営は、学問である必要も、科学である必要もなかったのかもしれない。

　しかし、わが国にも経営大学院が設置されはじめ、各大学がしのぎを削ってきた過程には、大学が持つ問題設定力、分析考察力、そして知識発信力が企業人材の育成に資しているという確かな手応えがあった。企業研修においてもコーポレートユニバーシティの選抜リーダー育成には国内外のビジネススクール教員が大きく関与し、ビジネススクール教育と企業内教育の境界が昔ほど明確でなくなってきた。

　このように経営が真に科学であるならば、ビジネススクールの授業も、「分析枠組みの活用」や「理論の実践への適用」という次元に留めず、多彩な学問の裏づけをもって学際的に、そして経営実践をモチーフにした「総合芸術」としても扱われる必要がある。となると、そこに一日の長があるのは学術大学院であり、伝統的大学が設置したビジネススクールは今こそその真価が問われているようにも思う。

　また、ここまでの文脈を借りて、ケースメソッド教育の特徴側面として「教師が講義をしない」「扱う問題には正解はない」ということばかりが強調され過ぎることの弊害も、併せて指摘しておきたい。

　表面的に理解されたケースメソッド授業の教室では、そこで教師が何かを教えているわけではなく、ましてや、科学の手順を踏んで何かを探究しているわけでもない。しかし、それでも受講アンケートには「議論は楽し

---

iv　吉田民人（1999）「21世紀の科学―大文字の第2次科学革命」『組織科学』第32巻第3号、4-26頁、組織学会。

v　高宮晋（1976）『日本の経営教育への提言』産業能率短期大学出版部。

かった」という言葉が並んでしまうがゆえに、授業者がそれに甘えるという構図が生まれやすい。これでは「プロが行う誠実な教育」とはいえないはずである。

　このようなことは「まがい物のケースメソッド」という表現で、1940年代の米国ビジネススクール界にすでに大きく指摘されている。[vi]

　それでは、本学がすべてパーフェクトかと問われると決してそうではなく、もちろん発展途上である。しかしながら、本学を含むケースメソッド教育を真摯に実践しているビジネススクールでは、教員がケースメソッドを「本物」たらしめんと日夜努力しており、「まがい物のケースメソッド」と明確に識別されなければならないのだと、入念な自己点検を重ねている。そのことだけは、ここで伝えておきたい。

学生はケースメソッドとどのように向き合うか

　名商大ビジネススクールの場合、入学者のおよそ8〜9割は、本学が入学志願者に提供している体験授業を経ての入学である。筆者らがビジネススクールで学んだ時代にはそんな機会はほぼ皆無であったことを考えると、今日の学生は恵まれているともいえる。

　しかし、一回か二回の体験授業で見えてくる事柄はやはり限られていることを差し引くと、ケースメソッドを「ひとまず知った」という段階に過ぎない。

　また、入試面接ではすべての志願者に「クラス討議でどのような貢献ができそうか」と必ず尋ねるのだが、入学後にクラスで朗々と意見を語るであろう志願者にも数多く出会うものの、「人前で話すのが苦手」という弱点を認めつつ、それを克服したいがために入学を志望している志願者のほうが圧倒的に多い。

　このように、本学ビジネススクールの教室には最初から役者が揃っているわけではなく、入学して役者になるのである。本学に入学してくる学生とい

えども、人によっては当初、ケースをもとに討論して学ぶことへの不安やネガティブな印象があったのかもしれない。しかしそれでも、入学の決意に至る過程でそれを拭い取り、ケースメソッドで学ぶことへの期待に胸を膨らませ、「ケースメソッドと運命をともにする」する覚悟を決めて入学してくるのである。

さて、そんな新入学生が入学後、ケースメソッド教育にどのように適応するかというと、それは「当為の法則」ならぬ「必然の法則」に則ることになる。多額の入学金と授業料をすでに支払ってしまった新入生は、ケースメソッドによるMBAプログラムに適応せざるを得ない。ケースの予習をして、クラスで発言しないことには成績が整わず、進級も卒業もできないからである。

ケースの予習、すなわち発言準備を済ませた学生は、クラスディスカッションの前に小グループでのディスカッションに臨むが、そこでは誰がどのくらい入念な準備をしてきたかが一目瞭然になる。意欲的な学生同士が意気投合する学びの渦の中に入れなかった学生は、次の授業日までに猛省して出直さなければならない。いささか暴力的に聞こえるかもしれないが、ここで生きていくには、熱心に予習をして、グループで仲間に認められ、クラスで発言し、クラスに貢献し、教師からも評価されなければならない。

このようなわけで、入学後はじめての授業では「やった、発言できた」と本当にうれしそうに深く安堵している学生や、「結局、発言できなかった」と落胆している学生の姿が教室内に散見される。これが、新入学生を迎える本学の、4月と9月の風物詩でもある。

また、名商大ビジネススクールに関していえば、ケースメソッドとの対峙という非日常性の上に、成績評価の厳しさという辛味のスパイスが振りかけられる。

本学では、各科目の履修者の成績を点数化して昇順に並べ、上から1

vi Gragg, Charles I., "Because Wisdom Can't be told", in McNair, Malcolm P.(ed.), The Case Method at the Harvard Business School: Papers by Present and Past Members of the Faculty and Staff, pp.7-14, McGraw-Hill, 1954.

割をA、次の3割をB、そして下から3割を不合格とする相対評価を行っており、不合格者には単位を出していない。このことはケースメソッドの本質とは直接関係ないが、学生の立場で考えると、非常に強く、そして大きくむすびついてくる。入学当初、「自分はクラスの下から3割には該当しない」と胸を張れる学生はほとんどいない。こうした恐怖感と隣り合わせのまま、最初の学期がはじまるのである。

ビジネススクールの授業に大なり小なりのサバイバルが存在することは事実だとしても、共創が競争を上回って生じてくることに向けた仕掛けもまた幾重にもある。たとえば本学では、ケースメソッド授業のすべての参加者に「勇気」「礼節」「寛容」という徳を求め、教室では「学びの共同体」を目指し、ロースクール的なソクラティックなムードではなく、温かいムードを維持するようにも努めている。

こうして、ケースメソッドで教えているビジネススクールに入学すると、予習また予習の2年間がはじまり、最初の1、2カ月はまさに「生きた心地がしない」。しかし、ビジネススクールに来るような学生はもともと学習能力が高いので、すぐに予習上手になり、発言上手にもなる。非日常的と感じられた日々もやがてそれが日常となり、うまく習慣化される。ただそれでも、ケースの予習が生活を「支配」していることに変わりはないのである。

学生はなぜこうした荒行に耐えるのか

筆者が慶應義塾大学ビジネス・スクール（KBS）のMBA学生だったとき、最初の入学合宿で新入生担当としてお世話いただいた余田拓郎教授（当時、助教授。現在は教授で経営管理研究科委員長、ビジネス・スクール校長）に「ここで2年間学ぶと、どうなるのですか」と尋ねたことがあった。余田先生ご自身もKBSのMBAホルダーだったこともあり、入学早々ヒートアップす

る予習合戦に音を上げつつあった筆者は、「この先生に聞いてみたい」と思ってそう尋ねたのである。

そのとき余田先生は、「卒業すると肉汁がじわっと出てくるようになる」と答えられた。そのときの筆者は、わかったような、わからないような気持ちでもあったが、その言い回しには独特の深みがあり、いまでも時々思い出してしまう。

その2年後に筆者も卒業して、再び社会に出た。そのときに感じたことも付記しておくと、クライアント企業のビジネスの営みが、なぜかとても「ゆっくり」と感じられたのである。それはまるで、高速道路を自分はそこそこ性能のよいクルマで走っていて、スッと加速もできるし、サッと減速することもでき、道路状況もだいたい見通せている、という感覚だった。いま思い返すと、たいへん懐かしい感覚ではあるが、確かにそう感じたものである。

ビジネススクールで大量の高速処理を立て続けに行うと、必ずしも速いスピードで情報の収集や分析や判断がされていない世界に戻ったときに、自分に余裕が生じ、その余裕を中長期展望、戦略立案、職場環境整備、他者に対する配慮、後進の育成、そして、さらなる自己啓発に充てることができる。また、その延長上により上位のマネジメント職としての活躍像も見えてくる。

卒業後に変わるのは、ポジションや給与でもあるだろうが、何よりも時間の質が変わる。それはクルマに例えれば、エンジンと足回りが強化されることによる走りの質の向上であり、走り、曲がり、止まるのすべてに爽快感が増すということである。

そんな話を先輩たちから聞くので、学生たちはこの荒行に耐えようとする。その過程で、古今東西のビジネススクールにおいて "Tough Mindedness" と尊ばれてきた精神力（それと時として「神通力」でさえあるだろう）が鍛えられるとともに、仲間が不得意とする領域のケース準備は進んでサポートしたりすることを通して、人間の器の大きさも育まれていく。このようにケースメソッドには全人格教育という重要な一面があり、HBSの古い教員たちは「ケースメソッドは態度教育」とまで言い切るのである。

　このように、ケースメソッド教育の歴史は、この教授法で学んだ人たちの深い「満足」によって支えられてきた。それは毎時の授業満足度調査で測るような満足の端切れではなく、今日は授業に参加して「気持ちよく発言できた」などというような手軽に味わえる満足でもなく、手間暇かけて育てた作物が、長い月日を経て実りはじめたときにようやく感じとることができるような高次の満足である。エビデンスも大切かもしれないが、当事者の満足、それも高次の満足、それこそがもっとも重要なのではないか。

　ビジネススクールで得るものは、直接的には経営管理能力であったとしても、そこには人間的な成長も力強く伴走していて、自分の人生が豊かになりつつあることへの幸福感がそこに追従するからこそ、学生は艱難辛苦を乗り越えてMBAという学位を取得しようとする。このとき、備わった経営管理能力にも、人間的成長の足跡にも、ケースメソッドという教授法が実は大きく影響しているということが、社会には「意外と理解してもらえていない」のではないかと筆者は考え、本章を記した。

　本書の導入としての説明は、以上である。次章以降では、本書のメインボディを担当する本学教員が、学生に向けて入念に構築し、精緻に実践している「ケースメソッド授業」の一部始終を、生々しく、そして熱く紹介してくれる。

2

How to
learn
the Case
Method

ケースメソッド
授業の使いこなし方

ケースメソッドはなぜ「実践的」なのか

　私は、名商大ビジネススクールで教鞭をとるかたわら、プロジェクト・ベースド・ラーニングに基づくコンサルティングサービスを企業に提供している。プロジェクト・ベースド・ラーニングとは、事例を使って問題解決に取り組む実践体験型の学習手法である。

　たとえばある企業では、新規事業アイデアを半年かけてブラッシュアップし、その実現可能性を実証した。またある企業では、次世代の経営人材育成のために、既存事業の改善点を経営陣に上申するプロジェクトを行った。いずれも企業内のリアルな課題をテーマにして、課題解決に必要なビジネススキルを身につけながら取り組んでいった。

　プロジェクト・ベースド・ラーニングは、科目ごとに学びを積み上げるサブジェクト・ベースド・ラーニングと対比される。多くの企業で科目ごとの研修が行われているが、実務につながりにくいという声も多い。企業内の実際のプロジェクトを事例として使うことで、実務に直結する実践的な学びを行っている。

　実務に身を置くいわゆる実務家教員として、ケースメソッドの有効性は疑いえない。そこで取り扱われているケースは実務で直面する場面に基づいており、受講する学生は常に自身の置かれている状況と照らし合わせながら学びを深めていく。こうしてケースメソッドは、理論と実践とを橋渡しすることができるのである。

　しかし、ケースメソッドが成果をあげる理由として、「ケースが実際の場面に基づいている」という説明だけでは、十分とは言えない。ケースを数多くこなしたところで、ただ過去の事例を現実の世界に恣意的に適用するようではご都合主義でしかないし、また逆に過去にそうした事例がないからといって対応できないようでは前例主義のそしりは免れないだろう。ケースメソッドによる教育法はそうした、「事例を知る」以上のものがある。

実際のプロジェクト同様、ケースにはあらかじめ用意された絶対的に正しい答えはない。どんなに苦労して最適解を探ってみても、そうした最終的な答えにたどり着くことはない。常に、「さらによい解答」が存在しうる可能性を残している。われわれは議論を通じて漸進的に真理に近づいていくが、とうとう到達することはないのだという態度で、ケースに向かい合う。

そのためケースメソッドではケースをAとBに分割し、ケースAにおいて出た結論を、そのあとに提示するケースBにおいてひっくり返すことがある。出た答えに安住することを嫌う、ケースメソッドの特徴がよく現れている。そこで、真であると信じたものが実は違っていたという強烈な体験をする。

ケースメソッドの目的はケースをたくさん知ることではない。たくさんのケースを知れば、確かに多くの答えを知ることになる。しかし、その目的は効率よく（悪く言えば短絡的に）答えを出すことではなく、複雑な事象を単純化することなく、複雑なまま多元的に受け止めることを学ぶのである。

その力が身につけば、出来事が鮮やかに見えてくる。テレビの映像がアナログからデジタルに、そして4K、8Kと鮮やかに変わったように、問題に対する解像度が上がっていく。ケースメソッドは、ケースディスカッションを通じて、そうした認知構造のアップデートを狙うものである。実際の事例を使うことによって、現実の見方を変えていく効果が、より一層が高まるのである。

ここにあるのは、理論は現実の世界において有用でなくては無意味であるという、プラグマティズムに基づく態度である。

パースにより提唱されたプラグマティズムは、ふたつの点で革命的であった。ひとつは、近代以来、ひとつの絶対的真理が存在するのだという信念に対して、そのようなものは存在せず、探究によって誤りが改訂され続けていく必要があると捉えた点。もうひとつは、真理は有用な道具として使われるべきものであり、有用でなければ真理ではないという点である[1]。

このプラグマティズムはアメリカ哲学史の源流のひとつとなり、実用にたる理論を常に更新し続けていこうというビジネススクールの基本姿勢にもつな

1　伊藤邦武『プラグマティズム入門』ちくま新書、2016年、pp. 30-31

がっていった。ケースメソッドとは理論を現実に適用するということだけでなく、現実によって理論を組み替えていく双方向の営みなのである。

　企業におけるプロジェクト・ベースド・ラーニングもケースメソッドも、その目的は効率的に答えを出すスキルを身につけることでは、実はない。そこで目指しているのは、複雑な現実に直面したときに、簡単な答えに逃げることなく終わりのない問いに向き合う胆力であり、自分自身に向き合い既存の認知を批判的に組み換えていこうというスタンスを身につけるものなのだ。ケースメソッドはそうした現実との向き合い方を学ぶ絶好の機会であり、その意味で実践的なのである。

ケースメソッドを補完するフィールドメソッド

　このビジネスモデルの講義では後半、フィールドメソッドを取り入れている。授業を実施するタイミングでのリアルタイムな事例について、ワークショップ形式で議論を深めている。ケースメソッドをテーマにした本シリーズの中において、その部分は異色なものとなるだろう。その点についても、あらかじめ触れておきたい[2]。

　ハーバード・ビジネススクール（HBS）が100周年を迎えたことを機に導入されたフィールドメソッドは、リーマンショックの経験を通じて、それまでKnowing（知識）偏重であったという反省のもと、Doing（実践）の場を増やし、さらにBeing（価値観、態度、信念）についての認識を深めていくた

2　名商大ビジネススクールのコースには、EMBAとMBAのふたつがある。後者はBIP（Business Innovation Program）と呼ばれており、イノベーションをテーマにして構成されており、また授業の一部にフィールドメソッドを取り入れている。本書『ビジネスモデル』の内容のベースとなっているBusiness Model Designの授業は、このBIPのコアカリキュラムのひとつとして位置づけられており、ケースメソッドとフィールドメソッドを組み合わせながら行っている。

3　山崎繭加『ハーバードはなぜ日本の東北で学ぶのか』ダイヤモンド社、2016年、pp.26-32

めに導入されたものである。

　HBSのフィールドは3つのモジュールから成り立つ。最初のモジュールは
デザイン思考などに基づくワークショップ形式で行われ、実際の現場に出
るための知識とスタンスを身につける。そしてふたつめのモジュールでは、
実際に新興国の企業を訪問しコンサルティングを行う。最終モジュールで
は、即席で作られたチームが5000ドルの資金をもとに、3ヶ月という短期
間でビジネスを立ち上げるというものだ。最後のモジュールの事業立ち上
げでは、ほとんどのチームが失敗を経験するし、学校側もそれを推奨す
る。散々学んできたはずの知識が役に立たなかったという挫折から学ぶと
いうのである[3]。試されているのは、Doingを通じてのBeingのありかたなの
である。

　こうして見ていけば、本質的にケースメソッドもフィールドメソッドも、その
教育目標は変わらないことに気づくだろう。現実の困難に立ち向かうことで
自分自身のありかたを問い直す胆力──前章の竹内先生の言葉を借りれ
ば、"Tough Mindedness"──を鍛えるものなのだ。

　一方で、学習のアプローチとしては違いがあることも明らかだ。まず判
断の根拠とする情報は、何度も推敲を重ねブラッシュアップされてきたビジ
ネスケースのように構造化されておらず、現実の場面の中から能動的に読
み解かなければならない。しかもそれは身体的な感覚に基づく、いわゆる
暗黙知の次元を含んだものとなる。

　マイケル・ポランニーは、明示的に説明がつかないけれども、なぜかそ
れを知ってしまう思考の働きを、暗黙知と名づけた。私たちは意識しなくと
も自転車に乗れるが、実際に行っているのは複雑なバランス調整である。
何十年かぶりにあった友人の顔を認識するときも、その認知プロセスは相
当複雑であるはずだ。しかし、どういうわけかそれを暗黙のうちに知ってし
まう。ポランニーは、人が新しい知を獲得するときには、明示的にではな
く、暗黙のうちにその知を手にしていると考えた。教室の中での言語によっ
て明示されたやりとりではなく、現実という複雑な世界の中に内在すること
によって得られる暗黙知こそが、創造性の源泉なのだ。フィールドメソッドは
まさに、複雑な世界に内在化する機会を提供するものである[4]。

また、デザイン思考に基づく創発的な課題発見、課題解決プロセスもフィールドメソッドならではの特徴だろう。そこでは、あらかじめ準備したロジックにとらわれていると、新しい発見に気づけない。思い込みや考えのフレームを手放して新しい視点を手に入れるために、HBSでもわざわざ新興国でのフィールドを行っている。理論を運用する主体として、理論を盲信せず、現実に対して即応的に対処するスタンスを問うものなのだ。

この二点について、ケースメソッドにその要素がまったく含まれていないということではないが、フィールドメソッドがより比重を置いていることは間違いないだろう。

本講義は、こうしたフィールドメソッドを取り入れながらの講義となる。ぜひ「もし自分が取り組んだとしたら」という主体的に関わる想定で読み進めてほしい。

ビジネスモデルをケースメソッドで学ぶ意味

さて、本講義では、こうしたケースメソッドやフィールドメソッドを通じて、ビジネスモデルを学ぶ。このあとの理論編（第3章）で詳しく紹介するが、ビジネスモデルは、事業を成り立たせるさまざまな要素を統合し、ひとつの構造として見るものである。そのため、ビジネスを多方面から検討する必要がある。

ケースディスカッションの参加者はたいてい、実際の実務を通じて営業やマーケティング、人的資源管理、サプライチェーンマネジメントやファイナンスなどの専門分野を持っている。それぞれの専門分野から多面的にビ

---

4 まだ知られていないことは認識できない。にもかかわらず新しい発見を感知できるのは、問題の背後にある隠れた実在（リアリティ）を暗黙のうちに感知しているからだという。そのとき重要なことは、問題に内在化（dwell in）することだとポランニーは言う。すなわち問題そのものになりきるくらいにどっぷり浸かる必要があるのだ。（マイケル・ポランニー著、高橋勇夫訳『暗黙知の次元』筑摩書房、2003年、p. 50）

ジネスを検討し、それらを統合するのがビジネスモデルである。さまざまな職種の参加者が議論する環境となるケースディスカッションは、ビジネスモデルを捉えるうえでまたとない機会である。実況中継編（第4章）では、参加者の専門領域が交差しながら、ビジネスモデルというひとつのフォーカスへと議論が絞り込まれていく様子を感じてもらえたらと思う。

　本書の第4章では4日間ある「Business Model Design」の講座の3日分のディスカッションを収録した。第3章理論編で紹介するビジネスモデル・キャンバスを基本OSとしながら、実況中継編ではさまざまなアプリケーションを展開している。ここでざっと、この講義の構成を見ておこう。

第1, 2講
経営戦略に基づくビジネスモデル構築

　初日となる第1,2講では、ビジネスモデルの分析に重きをおいたケースに取り組む。既存の事業がどのようなビジネスモデルを採用し、その結果どのような競争優位を築いているのかを学ぶ。

　第1講では、コンビニ業界を取り上げる。1970年代に誕生して以降、精緻にブラッシュアップされ続けてきたビジネスモデルを、俯瞰的に捉える。一見同じような小売店であっても、その背後にあるビジネスモデルが異なっていることが見えてくるだろう。顧客が受け取る価値が同じだとしても、価値の提供の仕方によって事業の構造は大きく変わってくるのである。
　さらに同じコンビニエンスストアでも、セブンイレブンとローソンとでは、マーケティングやサプライチェーン、その背景にある経営戦略など、さまざまな要素が異なっている。そうした違いをバラバラに捉えるのではなく、ひとつの構造として見ることによって、ビジネスモデルとしての一貫性がわかるだろう。その結果、両社の経営戦略がそのままビジネスモデルにも反映されていることが理解されるのではないかと思う。この一貫性、整合性こそ

が、競争優位を保つための欠かせない要素である。

　第2講では、キーエンスを例に、高収益企業のビジネスモデルの特異性について分析を行う。経営の成功は売上高や利益率、ROIなどさまざまな指標で評価されるが、そうした指標は当然、ビジネスモデルに大きく依存している。50%以上の営業利益率を叩き出すキーエンスのビジネスモデルの分析を通じて、経営指標とビジネスモデルの関係性を理解していく。

　その際、クリティカル・コアと呼ばれる、一見非合理的な、しかし全体としては合理的となるようなビジネスモデル上の要素についても触れる。このクリティカル・コアを組み込むことによって、他社が真似できないユニークなビジネスモデルが実現し、持続的な競争優位が可能となるのである。

　このクリティカル・コアは一見非合理であるために、ビジネススクールに来るような真面目で賢い人には見えづらい。合理的に考えれば、即座に却下されるような判断だからだ。しかし、だからこそ他社が真似しづらい。「正解」を選べば選ぶほど競争に巻き込まれ、結果としてその選択は「不正解」となってしまうというのは、ビジネスの面白いところだ。

第3, 4講
プラットフォーム・ビジネスモデルとエコシステム

　二日目となる第3,4講では、プラットフォーム型のビジネスモデルについて議論を行う。マルチサイド・プラットフォームとも呼ばれるこのビジネスモデルは、複数の異なる立場の顧客をプラットフォーム上で出会わせることで価値を生み出すものである。

　第3講では、企業を、従業員とリソースを結合させることにより価値を生み出すプラットフォームとして捉え直す。すなわち、従業員を顧客として考え、従業員と顧客とを出会わせる企業の内部エコシステムがどうあるべき

か議論する。

　スタッフの能力を引き出しながら価値を創造する能力はビジネスリーダーとして欠かせない。AIやRPA（Robotic Process Automation）などコンピュータによる自動化の仕組みが普及しても、究極の価値創造の源泉はやはり人材にある。MBAを取得しビジネスリーダーとしての活躍が期待される受講者たちが、こうした従業員の活躍の場を設計してもらえたらという思いから取り入れているケースである。

　第4講では、外部エコシステムの議論を行う。ここで取り上げるAppleの事例では、自社にないケイパビリティ（能力）を外部調達するためのプラットフォームを構築し、顧客に価値を提供している。

　ビジネスモデルはもともと、サプライチェーンなど企業内部にとどまらない外部との連携も含んだものである。そうした外部パートナーを顧客として捉え直すことによって、多くのビジネスモデルがマルチサイド・プラットフォームと見なすことができる。複数の異なる立場の顧客をつなぎ合わせて、どのように価値を生み出していくのか、その外部エコシステムにおける自社の位置づけなどを議論していくことになる。

　こうしたプラットフォームにおいては、従来の競合他社とされていた企業とも協力関係を結ぶ必要が出てくる。たとえば、AppleのiOSには、競合であるGoogleやAmazonのアプリもインストールできる。競合関係よりもユーザーの利便性を優先しなければ、長い目で見てプラットフォームとしての価値が失われてしまうからである。

　外部エコシステムを議論するには、一企業の経営戦略にとどまらず、業界全体としてどのように顧客に価値を提供していくかという視点が必要になる。これもまた、ケースメソッドによる多面的な議論が有効だろう。

第5, 6講
シナリオ・プランニングとバックキャスト

　第5,6講は、フィールドメソッドに基づくワークショップである。現在のビジネスモデルについての議論ではなく、未来に向かってどのようにビジネスを展開していくのか。リーダーとして欠かせない未来への構想力が試されるケースである。

　第5講では、シナリオ・プランニングを使って、モビリティサービスの未来を構想する。授業を行っている段階でまさにリアルタイムに進行しているイノベーションであり、誰も知らない未知の未来にどのように備えればよいか検討する。重要なのは、想定範囲内の未来ではなく、思いも寄らない想定外の未来が起こりうる可能性を想定することである。このワークショップは未来に対するマインドセットを改める機会となるだろう。

　続く第6講では、第1講でも触れたコンビニ業界について、未来からのバックキャストという手法で構想を練る。参加者同士の共創によって、未来のイメージを具体化していく手法で、即興的なアイデア創出のアプローチを組み合わせている。普段ロジカルに答えを導き出すことになれているビジネススクールの学生が、それとは違う思考方法を体験する。即興性というのは、自分が事前に準備していたものを一度手放し、ありのままの現実を受け入れるところから始まる。まさにフィールドメソッドにおける、自己の思い込みを手放す体験をしてもらうものである。

　最後には、そうして生み出した事業アイデアをどのようにスケールさせていくのかというロジックを、システム思考などの考えを取り入れながら議論する。

3

Theory
of
Business
Model
Design

理論編
──ビジネスモデル

ビジネスモデル・キャンバスとは？

　この講義で使用するツールはたったひとつ、ビジネスモデル・キャンバス（BMC）のみである。この講義は、個々の状況に合わせて個別のアプリケーションを使うのではなく、できるだけ汎用性の高い、いわばオペレーティング・システム（OS）を書き換えていくことを目的としている。そのOSとして、BMCをインストールする。

　BMCは、イヴ・ピニュール、アレックス・オスターワルダーによって開発され、いまやビジネスモデルを記述する標準的なツールとして広く認知、活用されている。9つの要素が配置されたシンプルな図でありながら、商店街の店舗からIT企業まで、あらゆる事業のビジネスモデルが記述できるものである。

図表1 ｜ **ビジネスモデル・キャンバス**

KP パートナー	KA 主要活動	VP 価値提案	CR 顧客との関係	CS 顧客セグメント
	KR リソース		CH チャネル	

C$ コスト構造	R$ 収益の流れ

www.businessmodelgeneration.com

ビジネスモデルの定義

BMCの紹介に入る前に、まずビジネスモデルそのものについて整理しておく。ビジネスモデルの定義については諸説あり、ひとつに定まっているわけではない[1]。大きな流れとして、2000年前後にビジネスモデル特許 ── たとえばプライスライン・ドットコムの「リバースオークション特許」や、Amazonの「ワンクリック特許」など ── が大きな注目を集めた。新規性のあるビジネスの仕組みを特許として押さえることで競争優位を築くための特権である。しかし、ビジネスモデル特許で議論されたものはビジネスの方法（ビジネスメソッド）であり[2]、現在議論されているビジネスモデルでいえば、その構成要素の一部に過ぎなかった。

続いて、まだ十分に収益化できていないようなIT企業が、株式市場で高い時価総額をつけたにもかかわらず失敗するできごとが重なる中で、「もうけの仕組み」としてのビジネスモデルが語られるようになった。「あの企業にはビジネスモデルがない」と言ったとき、主に収益をあげる仕組みがないことを指摘するものであった。

現在議論されているビジネスモデルは、特許やもうけの仕組みにとどまらない、価値創造の仕組みを問うものである。たとえば、「アパレルのSPA（製造小売業）のビジネスモデル」や「コンビニの24時間運営のビジネスモデル」といった使われ方がされるようになった。

1　ビジネスモデルの定義についてさらに詳しくは、張輝の議論が参考になる。（張輝「ビジネスモデルの定義及び構造化に関する序説的考察」『立教DBAジャーナル』(2)、2012年、pp.19-36)

2　アメリカではBusiness method patentと呼ばれていたものが、なぜか日本においてはビジネスモデル特許と呼ばれるようになった。このことが日本においてビジネスモデルに対する誤解を招くことになった。

またその対象も、営利企業だけでなく、病院や教育機関などの非営利団体、そして都市のビジネスモデル[3]や国家のビジネスモデル[4]などというように、収益を目的としない組織や都市、国家へと拡張されている。

こうした背景からも、ビジネスモデルを単なる収益モデルのみとして定義するのではなく、どのような価値をどのように生み出しているのかという仕組みを含む、さまざまな要素の構造として見ることが重要であろう。

物語としてのビジネスモデル

ビジネスモデルという概念で事業を捉えることは、MBAで学ぶリーダーシップに大きく関連する。そのことを理解するためにも、ハーバード・ビジネス・スクール競争戦略研究所のジョアン・マグレッタが2002年に発表したビジネスモデルの定義[5]を紹介したい。

マグレッタはビジネスモデルを、「顧客はだれで、顧客価値は何か」（価値提案）と、「どのようにこの事業で儲けるか、どのような論理に基づき、適切なコストで顧客に提供するか」（収益モデル）という2つの問いに答える「物語」であると定義した。

そのためビジネスモデルは、ふたつのテストに合格しなければならない。ひとつは、「ストーリー・テスト」（話の筋道が通っているか）であり、もうひとつは「ナンバー・テスト」（収支が合っているか）である。このふたつのテストに合

3　たとえば、大阪都構想の理論的な支えとなっている『大阪維新』を著した上山信一は、大阪のビジネスモデルを再構築する必要があるという議論を展開している。（上山信一「第201回都市の「ビジネスモデル」を再構築——大阪・橋下改革の10年を総括する(3)」https://xtech.nikkei.com/it/atcl/column/14/234646/031400058/、日経XTECH、2019年5月9日、最終閲覧日2020年6月10日）

4　電子国家と称されるエストニアのビジネスモデルが、高品質低価格で生産、輸出して成長してきた日本のビジネスモデルと対比して議論されている。（ラウル・アリキヴィ、前田陽二『未来型エストニアの挑戦電子政府がひらく世界』インプレスR&D,2016）

5　ジョアン・マグレッタ著、村井章子訳「ビジネスモデルの正しい定義」『ダイヤモンド・ハーバード・ビジネス・レビュー』No.5、2002年、pp.123-132

格するために、事業の構成要素が全体としてどのように機能するかをシミュレーションする。それがビジネスモデル思考であると考えた。

　こうしたマグレッタの定義は、2002年当時の、ビジネスモデル特許さえ取れれば事業が成功すると信じられていたITバブルの熱狂の中で、極めてまっとうなものであった。

　加えて、このマグレッタの定義で注目したいのは、彼がビジネスモデルを「物語」であると指摘した点である。ストーリー・テストと名づけたように、ビジネスモデルのさまざまな要素が全体の物語を支えるような一貫性をもって語られることが重要だと考えた。

　事業という複雑で全体像のつかみづらいものについて、誰もが理解できるよう物語として語り、多様なメンバーを事業に巻き込んでいく。こうした「ビジネスモデルを物語る力」は、経営企画や事業担当者だけでなく、ビジネスリーダーとして必要不可欠な素質でもある。

　本講義でも、多くのひとが共有しうる物語という観点からもビジネスモデルを取り扱っていく。

ビジネスモデル・キャンバスの使い方

　こうしたビジネスモデル思考のためのツールとして、BMCがある。ここでは、コンビニエンスストアのBMCを描きながら、使い方を説明していこうと思う[6]。すでにBMCに慣れ親しんでいる人は、この部分は飛ばしていただいて構わない。

　書き込む順番についてはとくに決まりはないのだが、おすすめしているのは「**顧客セグメント**」から記入することである。一般的に、顧客をセグメ

6　ここではビジネスモデルをシンプルに記述するため、フランチャイズではなく直営店モデルで記述する。

ント（ひとかたまり）として認識するには、年齢や性別、居住地や職業など
の顧客の属性に基づいて分類する。たしかに、「男性のアクティブシニア」
といったように年齢や性別、ライフスタイルなどで記述してもよいが、クレイ
トン・クリステンセンのジョブ理論を踏まえれば、顧客が抱えている「片づ
けるジョブ（仕事、用事）」を記入するほうが、顧客理解の解像度は上が
る。年齢や性別などで分類するのではなく、特定の状況をあわせて記述
するのである。

　クリステンセンは、ミルクシェイクの改善プロジェクトを例に、ジョブを次の
ように説明する。ミルクシェイクの味を改善したものの、まったく売り上げが
伸びなかったファーストフードレストランが、どうすればよいか相談にきた。
そこでミルクシェイクを購入した顧客にインタビューしたところ、自動車通勤
の退屈を紛らわすために購入していたことがわかった。ミルクシェイクを購
入する顧客の属性が重要ではなく、長時間の自動車通勤に退屈している
という状況に置かれているということが、ミルクシェイク購入の動機になって
いたのだ。言い換えれば、退屈を解決するというジョブを、顧客はかかえ
ていたわけである[7]。

　次に「**価値提案**」には、そうした顧客セグメントに対して、自社の商
品、サービスを通じて提供する価値を記入する。気をつけたいのは、商
品、サービスそのものではなく、その価値を記入するということである。自
動車メーカーのビジネスモデルを書くときに、ここに「自動車」と書いて
は、まったく不十分である。

　価値提案とは英語でValue Propositionsであり、Pro（＝前もって）
Position（＝位置をとる）ものである。いろいろな選択肢がある中で、前もっ
て他の選択肢とは違う位置をとる（＝提案をする）のである。そのPositionと
いう語感の中に、他社の商品、サービスに対する差異や優位性という意
味合いが含まれている。

　さきほどのクリステンセンのミルクシェイクの逸話では、ミルクシェイク以外

7　クレイトン・M・クリステンセン、ダディ・ホール、カレン・ディロン、デイビッド・S・ダンカン著、依田光
　江『ジョブ理論　イノベーションを予測可能にする消費のメカニズム』ハーパーコリンズ・ジャパン、
　2017年、pp.30-36

の選択肢として（他のファーストフードのミルクシェイクではなく）ドーナツやコーヒー、バナナ等があり、それらに対するミルクシェイクの優位性が議論された。ドーナツのように手が汚れず、コーヒーやバナナのようにすぐ食べ終わらないミルクシェイクは、特別な価値を提案していた。

　私たちはこうした価値提案を明らかにするために、「顧客はなぜその商品、サービスを選ぶのか」というシンプルな質問をするようにしている。同じ自動車であっても、トヨタ車を買う人とホンダ車を買う人とでは、選んでいる理由が異なる。それがテスラ（電気自動車）やロータス（軽量スポーツカー）となれば、さらに違う理由で購入していることは間違いない。

　オフィス街のコンビニを想定すると、「忙しく、買い物や食事に時間が取れない社会人」ということになる。そうした状況におけるジョブをコンビニは解決していると考えられる。

図表2 | 「**顧客セグメント**」と「**価値提案**」

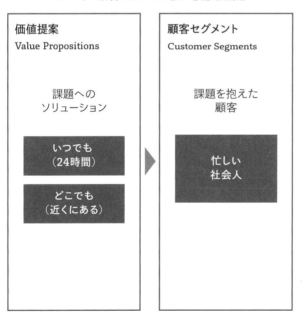

このように、同じカテゴリーの商品であっても解決しようとしているジョブは異なるし、顧客がその商品、サービスを選ぶ理由も異なるのである[8]。コンビニであれば、ほかの選択肢であるスーパーや薬局、レストランなどに対して、「いつでも（24時間運営）」「どこでも（近くにある）」ということにより「すぐに買える」という価値提案で選ばれている。（逆にいえば、品揃えや値段ではスーパーにはかなわないし、おいしさではレストランには勝てない。安さやおいしさとは別の理由で選ばれているのである）

そして、この顧客セグメントと価値提案をつなぐのが、「**チャネル**」と「**顧客との関係**」である。

チャネルは、顧客に商品、サービスを認知、購入してもらい、それを配送、さらにアフターサービスするために使われる経路のことである。

顧客との関係は、関係の長さと深さという軸で記入する。売り切りは短い関係だが、サブスクリプション・サービスであれば長期的関係となる。また、セルフサービスであれば浅い関係だが、コンサルティングやカウンセリングをしながら販売するとなれば深い関係となる。

コンビニにおけるチャネルは、もちろん店舗である。近隣に集中出店する、いわゆるドミナント出店に特徴がある。それにより、顧客との接点を増やすわけである。また、顧客との関係は基本的に、セルフサービスの浅い関係だが、nanacoやPontaなどのポイント会員による囲い込みが進んでいる。

8　この顧客セグメントと価値提案を合致させるための設計ツールとして「価値提案キャンバス（Value Proposition Canvas）」が用意されている。本書のスコープから外れるために紹介はしていないが、BMCとセットで活用すべき重要なツールである。（アレックス・オスターワルダー、イヴ・ピニュール、グレッグ・バーナーダ、アラン・スミス著、関美和訳『バリュー・プロポジション・デザイン 顧客が欲しがる製品やサービスを創る』翔泳社、2015年）

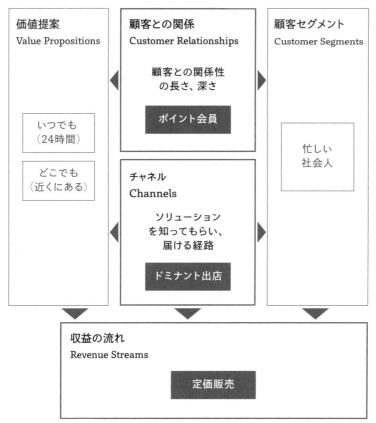

図表3 | 「**チャネル**」、「**顧客との関係**」、「**収益の流れ**」

価値提案
Value Propositions

いつでも
（24時間）

どこでも
（近くにある）

顧客との関係
Customer Relationships

顧客との関係性
の長さ、深さ

ポイント会員

チャネル
Channels

ソリューション
を知ってもらい、
届ける経路

ドミナント出店

顧客セグメント
Customer Segments

忙しい
社会人

収益の流れ
Revenue Streams

定価販売

　こうした構造から、「**収益の流れ**」が見えてくる。スーパーなどが安売りやタイムセールによって売り上げを伸ばしているのに対して、コンビニは原則として定価販売や、値引きも限定的である。コンビニでは発生しないが、アフターサービスやメンテナンスといった二次収益を得るようなビジネスモデルもある。このように収益の種類や発生のタイミング、価格が（他の選択肢に比べて）高いのか安いのか等を記述する。

ここまでがビジネスモデルの表舞台であり、顧客からも目に見える部分である。一方、左半分はバックステージであり、顧客からは見えない。右半分の表舞台はマーケティング領域であるのに対し、左半分のバックステージは、価値を生み出すためのエンジニアリングの領域である。ここからはそのエンジニアリングの領域を見ていこう。

　コンビニの価値提案である「いつでも」「どこでも」は、スーパーでは実現できない。スーパーを24時間運営するのはコストがかかりすぎるし、数百メートルおきにドミナント出店もできない。コンビニがそれを実現しているのには理由がある。

　まず、24時間運営するために「少人数運営」という主要活動を実現した。また、ドミナント出店するために「小さな敷地面積」にも展開するというリソース上の制約が生まれた。在庫スペースをもつ余裕がないため、売れたらすぐに補充する「多頻度配送」という主要活動が必要となる。さらに、それを支える「高度な共同配送システム」というリソースが導かれる。ここには発注支援システムによる省力化も含まれており、少人数運営を支えている。商社はこうした調達プロセスを支援する重要なパートナーである。

　小型店舗展開をしている成城石井も、1997年に駅ナカスーパーを出店するにあたって、そのビジネスモデルを大きく転換した。独自配送網を整備し、多頻度配送を実現した。今でもスーパーと名乗ってはいるものの、実態はコンビニのビジネスモデルである[9]。

　これ以外にも独自の商品開発システムとパートナーシップなど、コンビニのビジネスモデルを特徴づけるものだろう。いずれにしても、価値提案を作り出すビジネスシステムとしてのビジネスモデルがここに記述されることになる。

9　「成城石井がスーパー不振の中で「12年連続増収増益」を実現できる理由」https://diamond.jp/articles/-/229217、ダイヤモンド・オンライン、2020年2月19日、最終閲覧日2020年8月10日

図表4 | 「**主要活動**」、「**リソース**」、「**コスト構造**」

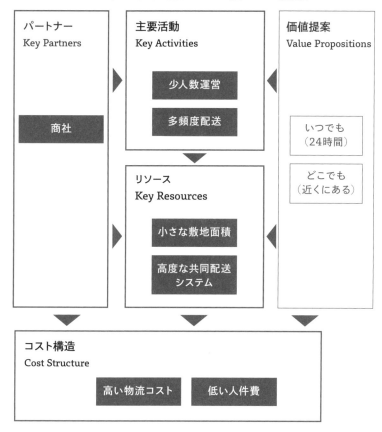

こうしたビジネスモデルを運営するには当然、コストがかかってくる。「コスト構造」の項目には、上の主要活動やリソース、パートナーにまつわるコストを記述していく。損益計算書のようにすべての項目を書き出す必要はなく、あくまでこのビジネスモデルに特徴的なものをあげていくといいだろう。ここでは、多頻度配送による高い物流コストと、24時間運営の前提ともなる低い人件費をあげておこう。

こうしてコンビニエンスストアのBMCができあがる。よく、何十個もの要素でびっしりと埋め尽くす人がいるが、そうするとビジネスモデルの「物語」が見えづらくなる。ビジネスモデルをつかむための最小限の要素に絞り込み、ビジネスモデルの骨格をつかめるようにしておくとよいだろう。

図表5 | **コンビニエンスストアのビジネスモデル・キャンバス**

パートナー Key Partners	主要活動 Key Activities	価値提案 Value Propositions	顧客との関係 Customer Relationships	顧客セグメント Customer Segments
商社	少人数運営 / 多頻度配送	いつでも（24時間） / どこでも（近くにある）	ポイント会員	忙しい社会人
	リソース Key Resources		チャネル Channels	
	小さな敷地面積 / 高度な共同配送システム		ドミナント出店	

コスト構造 Cost Structure	収益の流れ Revenue Streams
高い物流コスト / 低い人件費	定価販売

BMCの源流、ビジネスモデル・オントロジー

さてBMCの使い方をひととおり学んだうえで、このBMCの源流である

「ビジネスモデル・オントロジー」を紹介したい。これはオスターワルダーの博士論文で示されたもので、BMCの雛形となったものである。

　オントロジーとは哲学用語としては存在論と訳されるが、ここでは対象を概念化、体系化したものを意味する。ビジネスモデル・オントロジーとは、対象となるビジネスモデルを構成する概念と、その概念間の関係性が示され体系化されたもの、ということである。実際にオスターワルダーの描いたビジネスモデル・オントロジーは次のとおりである。

図表6 │ **ビジネスモデル・オントロジー**10

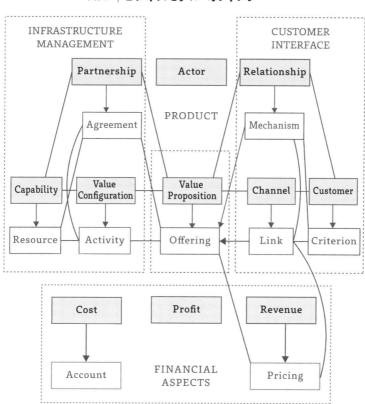

10　Alex Osterwalder, "The Business Model Ontology – A Proposition in a Design Science Approach", Université de Lausanne, 2004, Ph.D. thesis, p. 44

BMCに比べると要素が多く、複雑な構成図になっていることに目がいくが、ここでは要素の数ではなく、矢印や直線によって要素間の関係が定義されていることに注目してほしい。これにより、ひとつの要素が他の要素に関連してつながり、ビジネス全体を形作っているのがわかるだろう。個別の構成要素がどのように全体のビジネスに関連しているのかが示されているのである。

　これをもとに開発されたBMCもビジネスモデル・オントロジー同様、要素間の関係が強く意識されている。それぞれのボックスをつなぐ矢印や線はなくなったものの、隣り合った要素はお互いに関連しあっている。これらのボックスの位置をずらしては、オントロジーとしてのBMCは崩れてしまうだろう。

図表7 | **ビジネスモデル・キャンバスの各要素の相互関係**

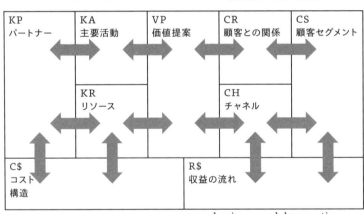

www.businessmodelgeneration.com

　そのことを理解するために、試しに、9つの構成要素を箇条書きのようにしてみるとわかる。それまでひとまとまりとして見えていたビジネスモデルがばらばらになってしまい、各要素のつながりが見えなくなってしまう。

顧客セグメント	
顧客との関係	
チャネル	
価値提案	
主要活動	
リソース	
パートナー	
収益の流れ	
コスト構造	

　筆者はオスターワルダーの実施するワークショップに参加したことがあるが、彼がストーリーの重要性を再三再四、強調していたことが印象に残っている。たとえば、BMCに描いた事業アイデアを他人に説明する際、記入済みのBMCをいきなり見せてはいけないと言う。必ずもう一枚用意した空欄のBMCに、要素の書かれた付箋を一枚一枚張り替えながら説明するように指示するのである。

　オスターワルダーは9つの構成要素を一度に見せるやり方を、人の理解力の限界を超える「認知の殺人行為（cognitive murder）」として厳しく禁じている[11]。先の箇条書きも、要素間のつながりを断ち切ることによる「認知の殺人行為」であろう。また、あまりに多くの要素を書き入れることも、

---

11 Nabila Amarsy, "5 Tips to Tell Your Business Model as a Story", Strategyzer, https://www.strategyzer.com/blog/posts/2014/7/26/telling-your-story, 2014年8月11日、最終閲覧日2020年6月12日。Strategyzerはアレックス・オスターワルダーが立ち上げたビジネスモデルに関するコンサルティング会社である。

認知の大きな妨げになってしまう。BMCはその意味で、ビジネスモデルを認識するための認知構造であるともいえる。

若干余談になるが、BMCの派生モデルとして、リーン・キャンバスというものがある[12]。無駄のない新規事業の立ち上げプロセスであるリーン・スタートアップのためのビジネスモデル仮説の記述ツールで、BMCをベースに作られたものである[13]。形自体はBMCと同じであり、いくつかの要素は共通している。

図表9 | リーン・キャンバス

課題 上位3つの課題	ソリューション 上位3つの機能	独自の価値提案 あなたの差別化要因と注目に値する価値を説明した単十で明確な説得力のあるメッセージ	圧倒的な優位性 簡単にコピーや購入ができないもの	顧客セグメント ターゲットにする顧客
	主要指標 計測する 主要活動		チャネル 顧客への経路	
コスト構造 顧客獲得コスト 流通コスト ホスティングコスト 人件費など		収益の流れ 収益モデル 顧客生涯価値 収益 粗利益		

製品　　　　　　　　　　　　　　　　　市場

12 アッシュ・マウリャ著、角征典訳『Running Lean ―実践リーンスタートアップ』、オライリー・ジャパン、2012年、p. 5
13 BMCはクリエイティブ・コモンズの表示 - 継承 3.0 非移植ライセンスのもと、改変が可能である。さまざまな派生形が生まれている。

しかし、個人的にはオントロジーが崩れてしまっているため、BMCのような汎用性を失っているように思う。たとえば、「課題」の欄は顧客の課題を書くのだが、なぜ顧客セグメントと切り離されて位置しているのだろうか、「圧倒的な優位性」は、価値提案と顧客セグメントをつなぐ概念なのだろうか、など気になってしまう。

もちろん、リーン・スタートアップという限定された用途の中では、多少のオントロジー的な破綻があったとしても、ツールとしての使い勝手を優先することは合理的だ。ただ本書では、オントロジーとして成立している、より汎用性の高いBMCを使っていくことにする。

経営戦略とビジネスプロセスを
つなぐ共通言語

ここで、誤解されやすいビジネスモデルと経営戦略の関係を整理しておきたい。ビジネスモデルは経営戦略そのものではないが、密接な関係がある。

ビジネスモデルと経営戦略の違いを意識していたオスターワルダーは、ビジネスモデルを経営戦略と事業プロセスの間にある設計レベル（Architectural Level）と位置づけた。ビジネスモデルを、戦略という抽象的なレベルから、実際のプロセスという具体的なレベルへと橋渡しするものとして考えたのである。

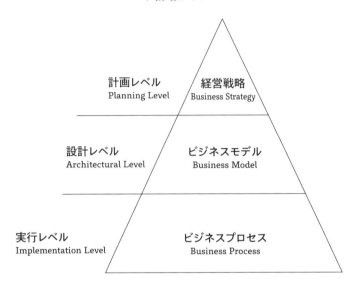

計画レベル　経営戦略
Planning Level　Business Strategy

設計レベル　ビジネスモデル
Architectural Level　Business Model

実行レベル　ビジネスプロセス
Implementation Level　Business Process

第**3**章 ｜ 理論──ビジネスモデル

　このオスターワルダーの図は、次のようにも読み取れる。もしビジネスモデルが欠けていれば、どんなに崇高な経営戦略も実行に移せない、と。ここに、MBAの学生たちが、そして世の中のビジネスリーダーたちがビジネスモデルを学ぶべき大きな理由があるように思う。抽象的な経営戦略思考と、具体的な現場でのオペレーションをつなぎ合わせるためにも、ビジネスモデル思考が欠かせないのである。

　別の言い方をすれば、BMCは経営と現場と結びつける共通言語なのだ。経営企画、研究開発、営業現場といったさまざまな社内の立場でも、また顧客やパートナー企業の立場でも、同じ言語体系で事業を語ることができるのである。

　筆者の関わっているところでも、新規事業提案制度の中で、経営陣と

14　Alex Osterwalder, "The Business Model Ontology – A Proposition in a Design Science Approach", https://pdfs.semanticscholar.org/87bb/edf0efbf010515ed54086 bdf31c7cb33e4a3.pdf, Université de Lausanne, 2004, Ph.D. thesis, p. 148

同じ視座で新規事業アイデアを物語るためのツールとして、応募に際しての必須項目として位置づけられている。このとき、BMCは経営陣と新規事業を提案する社員の共通言語となっている。

　また、地域ビジネスの持続可能なありかたを模索するのにもBMCが使われている。筆者の経験の中でも、「地域おこし協力隊」に対して短時間で地域リソースを活かした事業創造の要諦を伝えるために活用している。そこでは、さまざまなバックグラウンドを持った地域おこし協力隊隊員が、地域で事業を立ち上げるための共通言語として、このBMCを活用している。

　この授業も同様である。教室に集まったさまざまな業種、職種、専門領域をもったメンバーが、ビジネスモデルという共通言語でやり取りをする。複雑な経営戦略のフレームワークではなく、平易な言葉で定義された要素を使うことで対話が可能となるのである。

　さまざまな領域において、さまざまな立場の人たちによって語られるビジネスモデル。その共通言語として、BMCは効果を発揮するのである。

　ここからはいよいよ、その共通言語を使ってのケースディスカッションに入っていこう。

Live
coverage
of
Business
Model
Design

4

実況中継編
──ビジネスモデル

第1講 | 競争優位を築くための ビジネスモデル構築

セブンイレブンとローソンの 経営戦略を読み解く

事前予習設問

1 | セブンイレブンとローソンのビジネスモデル・ キャンバスをそれぞれ描き、経営戦略の違いを 指摘しなさい。

2 | 中堅コンビニエンスストアには どのような生存戦略があるだろうか。 そのときのビジネスモデルとは どのようなものだろうか?

ビジネスモデル変革を
迫られている業界

小山｜ケースの議論に入る前に、ビジネスモデルを考えることがなぜ重要なのか、みなさんと問題意識を共有したいと思います。今回取り上げるコンビニ業界もそうですが、多くの業種において企業が持続的に成長するためには、「ビジネスモデルにイノベーションを起こすことが必要だ」と言われています。これはどういうことでしょうか。

　このことを理解するために、みなさんに質問です。ビジネスモデル変革を迫られている業界を挙げてください。

A｜銀行業界だと思います。元々融資で収益を上げていました。昔は全体の利益の5割くらいを融資による利ざやで稼いでいましたが、マイナス金利などの影響で、今では1〜2割程度まで減少しました。収益力を高めるべく、新たな事業を模索しなければならなくなりました。

　また近年、LINE PayやPayPayなど、さまざまな電子マネーが出てきましたよね。私の勤める銀行でも、ようやくフィンテックに参入し始めました。銀行は膨大な顧客データを保有していますので、それを活用したサービスを顧客に提供できないかと考えています。

小山｜なるほど。金融業は激震が走りましたよね。消費増税に伴ってキャッシュレス化を進めるためにポイント還元制度が実施され、政府も電子化に向けて動いています。この影響で、ATMで現金を下ろす金額が減少したとも報じられていました。

　このあと取り上げるセブン&アイ・ホールディングスの事業のひとつにセブン銀行があります。従来の銀行とは異なりATMの手数料で儲けるモデルで脚光を浴びましたが、このビジネスモデルも限界が見えているのかもしれません[1]。まさに今、銀行のビジネスモデルを変えていかないといけないということですね。

　こんな感じで、みなさんが思いつく事例はほかにもありますか。

B｜ テレビや新聞です。

小山｜ マスメディアですね。どのような変化がありましたか。

B｜ 若者が新聞を読まなくなりました。テレビも、家族みんなで見るというよりは、個人が自分の生活に合わせて見るようになって、ネットのコンテンツを見る人が増えています。だから新聞社やテレビ局は広告で稼ぐことがなかなか難しくなっています。

小山｜ 広告メディアとしての価値がどんどん下がってきていると。これも相当大変なことですよね。みなさんの中で、新聞を取っている人は手を挙げてください。3割くらいですかね。この原因はもちろん、インターネットの登場でした。ほかにはどうでしょうか。

C｜ ゲーム業界だと思います。かつては据え置き機でゲームをする人が多かったのですが、今ではスマホのアプリでゲームをする人が増えてきました。ゲーム業界の収益源は、昔はゲームソフトやゲーム機だったのが、今はスマホアプリの課金が主流になってきたと思います。

小山｜ ゲーム課金は一部、「ガチャ」などの批判を受けたやり方もありますよね。これにもっともインパクトを受けている会社は、具体的にどこだと思いますか。

C｜ ソニーとか任天堂とか。

小山｜ ソニーの子会社であるソニー・インタラクティブエンタテインメントは、いわゆる据え置きの、コンソール型と呼ばれるゲーム機を出していて、2020年末にはプレイステーション5を発売します。どのように収益をあげていくのか。それに対して任天堂は、Nintendo Switchという、据え置きでも持ち運びもできるハードを開発して、今のところはうまくいっているように見えます。

任天堂は、DeNAと組んでスマホ向けゲーム「マリオカート ツアー」を出したように、独自のハードだけでなくコンテンツでも稼ごうとしている側面もあります[2]。ゲーム業界もビジネスモデルが大きく変わってきているといえます

1　「セブン銀のATMの1台当たりの1日の平均利用数は09年度の114件をピークに下がっており18年度は92件になった。この間、キャッシュレスがじわじわ広がっていることが影響しているようだ。」（「キャッシュレス化で「金食い虫ATM」撤去は進むか？」https://mainichi.jp/premier/business/articles/20190918/biz/00m/020/023000c、毎日新聞、2019年9月24日、最終閲覧日2020年5月6日）

2　「ゲーム事業（任天堂との協業）-2」、『株式会社ディー・エヌ・エー2017年度第3四半期 業績のご報告』http://www.irwebcasting.com/20180208/7/49fa9dd547/mov/main/index.html、2018年2月8日、最終閲覧日2020年5月6日

ね。ほかにありますか。

D｜ 出版業界です。ペーパーレスの時代になって、Kindleのような電子書籍サービスが増えました。Kindleを使えば、自分で書いたものを直接販売することができます。

小山｜ 特に、なかでもリアルタイムな情報を提供する週刊誌などには大きな影響がありますね。

D｜ そうですね。定額料金であらゆる雑誌がすべて読めるサービスもあります。

小山｜ ドコモのdマガジンというサービスでは、月額400円でほとんどすべての雑誌を読めますね。出版物の中でも雑誌の売り上げは激減していますから、各出版社は少しでも収益をあげるべく、dマガジンのようなサービスにコンテンツを提供してサブスクリプションモデルで収益をあげようとしている。これは音楽や映画でも起こっている出来事ですね。

もうひとつ質問です。ここまで挙げていただいたものはBtoCでしたが、BtoBの世界でビジネスモデルが変わってきている業界はありますか。

E｜ BtoBでいうと、電力、エネルギー業界が一番厳しいかなぁと。電力需要はもう頭打ちで、どちらかというと今後は下がっていく中で再生可能エネルギーが入ってきている。しかも、電力自由化という点では、ガスと電気が真っ向勝負の構図になりつつある中、電力会社の発電事業は相当厳しいものになっているので、何かしらの方向転換を考えないとシュリンクしてしまうという状況になっています。

小山｜ 発送電分離という問題もありますね。今までは発電と送電が一体化していたので、電力会社が自コストを価格に上乗せして利益が出るように価格設定をしていました。ところが、発電部門と小売部門の自由化によって価格競争が始まり、大変なことになった。2020年には小売りの料金規制が撤廃されます[3]。

E｜ 送電のほうはインフラを持っていますから、比較的、顧客のニーズ

3　資源エネルギー庁「2020年、　送配電部門の分社化で電気がさらに変わる　」https://www.enecho.meti.go.jp/about/special/tokushu/denryokugaskaikaku/souhaidenbunshaka.html、2017年11月30日、最終閲覧日2020年5月6日

を把握しやすいのですが、発電側はそこから切り離されてしまっています。発電事業に参入する業者も増えてきて、コモディティ化しつつあると感じます。

小山 ｜ そもそも電気には色がついていませんから、差別化は難しいですよね。このように、さまざまな業界で課題があり、ビジネスモデルの変革が必要となってきているわけです。

構造を捉えることの重要性

小山 ｜ さて、ケースの議論に入る前に、ビジネスモデルの定義について確認しておきましょう。経営者や経営学者に聞くと、100人いたら100通りの解釈がある状態で、どこに力点を置くかによってかなり定義が異なります。ここでは、アレックス・オスターワルダーとイヴ・ピニュールの著書から定義を紹介しましょう。

> 「ビジネスモデルとは、 どのように価値を創造し、
> 顧客に届けるかを論理的に記述したものである」[4]

　みなさんには、本日、ビジネスモデルの再定義をするにあたり、このような言葉を加えてみたいと思います。

> 「ビジネスモデルとは、 どのように価値を創造し、
> 顧客に届けるかを論理的かつ構造的に記述したも
> のである」

　具体的にイメージしてみましょうか。 世の中には、 流行などのさまざまな

4　イヴ・ピニュール、アレックス・オスターワルダー著、小山龍介訳『ビジネスモデル・ジェネレーション』翔泳社、2012年、p. 14

ビジネス現象が起こりますよね。たとえば最近流行ったのはタピオカでした。渋谷を歩いていると、数分歩けば2、3軒のタピオカドリンク屋さんがあります。タピオカが大流行した理由について、みなさんだったらどのように説明しますか。

F | インスタ映えするから。人に自慢できる。

小山 | そうですね。インスタグラムの登場も大きいですね。従来のマスメディアだけでなく、こうしたインターネットメディアが大きく影響しています。メディア構造の変化が指摘できそうです。

G | 二段階あると思います。最初は、インフルエンサーがタピオカを広めて、若者が飛びついた。次に、流行っているからという理由で注目されるようになって、流行が加速した。

小山 | 流行が流行を呼んだということですね。「イノベーター理論」というものがありますが、最初にイノベーターがタピオカを飲み始め、次にアーリーアダプターが飲むようになると、マジョリティがやって来て大流行するというパターンがあるのです[5]。このように普及曲線によってタピオカブームを説明できそうです。ほかに流行の説明はありますか。

図表11 | **イノベーター理論の普及曲線**

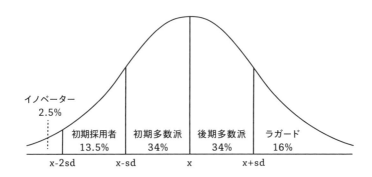

イノベーター
2.5%

| 初期採用者 13.5% | 初期多数派 34% | 後期多数派 34% | ラガード 16% |

x-2sd　　x-sd　　　　x　　　　x+sd

5　ロジャーズ・エベレット著、三藤利雄訳『イノベーションの普及』翔泳社、2007年

H｜出店する際のコストが安いから。設備投資という意味でも、技術という意味でも、それほどの負担がない。

小山｜そうですね。お店を始めるとき、一般的には店員の教育に苦心するケースが多いんです。たとえばクレープ屋さんをやろうと思っても、クレープを焼くってそれなりにテクニックが必要ですから、スタッフ教育も必要です。さらに手の込んだ料理になれば、品質管理も難しくなります。その点、タピオカ屋さんは、タピオカを茹でてミルクティーに入れるだけですから、そんなに技術は要りません。もちろん工程にこだわることで差別化を図っているお店はあるかもしれませんが、いずれにしても投資はそれほど必要ない。こういった理由からも、急速に出店できたと考えられます。

　このように、ある現象が起こる裏側には、何らかの「構造」があります。メディア構造、流行を追いたくなる心理的構造、技術的な構造、事業構造など、さまざまな構造が複雑に絡み合っているわけです。だから、単にインスタ映えを狙えばヒットするというような単純な論理では、答えを導くことはできないのです。

　複雑な現象になればなるほど、単純な三段論法では説明がつかなくなります。三段論法とはたとえば、人は死ぬ→ソクラテスは人である→だからソクラテスはいつか死ぬ、という推論形式がありますね。さきほどの例にあてはめると、タピオカが流行っている→私もタピオカ屋をやれば成功するだろう。しかし、それだけでは失敗します。ビジネスや世の中の事象は、単純三段論法では説明できないということを、みなさんは日常でよく経験しているところですよね。

　たとえば、「経営陣が権限委譲したらうまくいった」というケースを授業で学び、自分の会社で同じことをしてみたけどうまくいかない……ということが起こるわけです。ものごとはそう単純ではないからですね。権限委譲がうまくいくケースもあれば、そうでないケースもある。その企業の歴史的背景や市場の状況、権限委譲するときの方法などによっても変わってくるでしょう。関わってくる変数が多く、またその変数同士の関係も単純ではありません。

　世の中の出来事を議論するのに、単純な三段論法で終わらせるのでは

なく、もっと複雑な構造的なロジックで捉えなければならないのです。我々がやらねばならないのは、自社の持っているシーズだけでなく、顧客のニーズや社会のトレンド、パートナー企業のリソースなど、さまざまな要素を構造的に把握し、再構築し直すことです。複雑なパズルを組み合わせるような、構造的なロジックが必要なんです。

　本日、授業でやろうとしている「ビジネスモデル」は、物事を単純化せずに複雑な構造として捉えて考えていきます。複雑なものを複雑なまま取り扱うというスタンスです。我々はそういう複雑な事象があることをよく知っているし、社会でも会社でもそういう状況に直面している。

　みなさんにこの講義で学んでいただきたいことは、ビジネスを構造として捉え、その構造を複数の視点から検討し、ステークホルダーたちを巻き込んでいく俯瞰的な視点です。そのためのツールが、BMCになります。

　それでは、ケースに入っていきましょう。

コンビニマート株式会社は
どんな戦略を採るべきか

　コンビニマート株式会社（仮）の経営戦略室に所属する山田は、経営陣に対して今後の経営戦略のオプションを提示するように言われていた。新卒からコンビニマート一筋、20年勤めてきた山田は、可能な限りコンビニマートが生き残る戦略オプションを提示したいと考えていた。そのためには、業界大手との差別化が欠かせない。規模の経済による競争ではない、新たな競争軸はないものだろうか。

　コンビニエンスストア業界は踊り場に来ていた。新規出店により全体の売上は伸びていたものの、既存店の平均売上はここ数年頭打ちになっていた。都心部では集中出店による過当競争が起こり、体力のない中堅コンビニチェーンは大手に吸収合併されていった。ファミリーマートはエーエム・ピーエム、サークルKサンクスを、ローソンはスリーエフ、セーブオンを統合していった。同じく中堅のポジションに位置していたコンビニマートもその例外ではなく、コンビニ再編の流れに飲み込まれようとしていた。

　また、ファミリーマートはドン・キホーテと組み、圧縮陳列と呼ばれる商品密度の高い新しい業態に挑戦していた。ローソンは、ケアローソンなど高齢者の介護に特化した店舗をつくるなど、チャネル戦略に取り組んでいた。それに対して王者セブンイレブンは、プライベートブランドの絶え間ない品質向上による差別化を推し進めていた。

　コンビニマートはどのような戦略を採るべきだろうか。

■セブンイレブン（2019年）

・国内店舗数は、20,876店

・チェーン全店売上（国内）4兆8,988億円　営業利益2,450億円（5.0%）

・平均日販65.6万円

・セブンプレミアムなどの高品質なプライベートブランド商品が人気

・老若男女、幅広い顧客層をターゲットとしていた

・トップメーカーと共同するチームMDによる商品開発力に強みがある

・フランチャイズ・オペレーション力は高く、均質なサービス提供ができる

・店舗フォーマットは統一されている

・同じ地域に集中出店するドミナント出店をとっていた

・ドミナント出店による効率的な店舗運営・管理および流通の合理化をはかっていた

・2019年に沖縄進出によって全都道府県への出店が完了した

・イトーヨーカ堂を含めたグループMDによる強い購買力をもつ

・リアルとネットと融合させるオムニチャネル戦略を推進、オムニ7などのECサイトを展開するが、伸び悩んでいる

・グループとして、セブン銀行などの金融事業を展開する

・グループ会社を中心としてnanacoによる決済プラットフォームを有する

・全国に166ヶ所の専用工場、159ヶ所の温度帯別共同配送センター、9ヶ所の調味料、野菜プロセスセンターを展開、店舗に近い場所で鮮度の高い商品を製造・配送する

・食事を配送するセブンミール、購入した商品を宅配するセブンらくらくお届け便、軽トラックによる移動販売のセブンあんしんお届け便などを展開する

・2016年に自転車シェア事業を開始、2019年5月末現在620店舗に展開

■ローソン（2019年）

・国内店舗数は14,659店

・チェーン全店売上2兆4245億円　営業利益607億円（2.5%）

・日販53.1万円

・ローソンのほかに、ナチュラルローソン、ローソンストア100、ケア
　ローソン、成城石井など、複数の店舗フォーマットをもつ

・これまでコンビニ利用の少なかった女性・シニアなどをターゲット
　とした、特定のニーズを捉えた商品開発を行う

・商品開発に、ポイントカードのPontaを通じて収集した購買データ
　を利用している

・ATMサービスは2001年から提供していたが、2018年に銀行業
　免許を取得してローソン銀行としての業務を開始した

・マチカフェと呼ばれるカフェメニューに力を入れており、店内調理
　によって多様なドリンクメニューを提供。カフェの手渡しの際の接
　客スキルアップをはかるためにファンタジスタ、グランドファンタジ
　スタ制度を導入した

・店内調理に力を入れており、一部店舗では「まちかど厨房」とし
　て店内で惣菜やお弁当を作って提供している。また、ナチュラル
　ローソンでは、焼き立てパンをベーカリー形式で提供している

・ケアローソンでは、薬局との併設や介護相談のできるコーナーを
　つくるなどの取り組みを進めている

・地域特性に合わせた店舗づくりを進めており、地域の特産品、農
　作物を取り扱う店舗も多い

・2017年に三菱商事の連結子会社となった

DISCUSSION

セブンイレブンとローソンの
ビジネスモデルの違いを把握する

小山｜さて、ビジネスモデルを考えるにあたって、当然競合他社の分析は欠かせません。ここではケースにもあがっているセブンイレブンとローソンのビジネスモデルの違いを、ビジネスモデル・キャンバスを使って考えてみましょう。

　ちなみに、みなさんはセブンイレブンとローソンが目の前に並んでいたら、どちらに入りますか。セブンイレブンの人は手を挙げてください。ローソンの人はどうでしょうか。なるほど、セブンイレブン：ローソンが7：3くらいですね。では、セブンイレブンに入ると答えた人は、なぜそう考えるのでしょうか。

I｜セブンイレブンは新商品を積極的に出していて、新しいチャレンジをしている印象が強いので……。

小山｜なるほど。ほかにありますか。

J｜プライベートブランド（PB）もそうですが、お弁当がおいしい。

小山｜そうですね。でも、なぜセブンイレブンはおいしい定番商品を作ることができるのに、ローソンはなかなか対抗できないのでしょうか。そのあたりの違いを意識しながらビジネスモデルを見ていきましょう。

　チームに分かれて、セブンイレブンとローソンのビジネスモデル・キャンバスを作ってください。みなさんも会社の中でこうした分析をすることがあるでしょう。重要なのは情報の量ではありません。手元の情報をどうつなぎ合わせ、構造化して見るか、です。経営企画部のメンバーとして、まさにそうした作業に取りかかったというイメージで取り組んでみてください。

（グループワーク）

小山｜まずはセブンイレブンのチーム、発表をお願いします。

セブンイレブンチーム ｜ セブンイレブンの価値提案においてもっとも特徴的な点は、先の意見にもあったように、高品質なプライベートブランド商品であると思います。それを受け取る側はマス市場になりますが、特定のターゲットにしぼりこまない全方位型と考えられます。

　高品質のPBを企画するために、大手メーカーとチームMD、グループ会社と連携したグループMDの態勢をとっています。また、生産ラインは、セブンイレブン専属の専用工場があります。そういった協力体制があるので、開発から製造、市場に流すまでのサイクルが非常に速くなるうえ、商品点数も増やすことができます。また、コスト自体も下がりますし、どんどん収益性が高まっていくのです。

　その結果セブンイレブンは、ローソンに比べるとはるかに高収益をあげています。営業利益率で言うとローソンの倍になります。

小山 ｜ ありがとうございました。セブンイレブン独自の価値提案と、それを支える活動とリソース、コスト構造と収益の流れを指摘いただきました。おいしいPBの秘密は、チームMDと専用工場にあるというわけですね。

　またターゲットもあえてしぼりこまない。こうした全方位戦略は、業界のトップ企業が採る王道の戦略ですね。トヨタもフルラインナップを用意しています。2位以下にスキを見せないように、すべてをカバーするわけです。セブンイレブンの店舗はまさに、業界一位の横綱相撲です。

図表12 **セブンイレブンのビジネスモデル(1)**

KP パートナー	KA 主要活動	VP 価値提案	CR 顧客との関係	CS 顧客セグメント
大手メーカー	チームMD	高品質な PB商品		全方位
グループ会社				
	KR リソース		CH チャネル	
	専用工場			

C$ コスト構造	R$ 収益の流れ
低コスト化	高単価

小山 ｜ 続いて、ビジネスモデル・キャンバスの右側、顧客との関係やチャネルに特徴はありますか。

K ｜ 単一フォーマットでのドミナント出店に特徴があります。

小山 ｜ なぜ単一なのでしょうか。その理由をどう説明しますか。

K ｜ 老若男女あらゆる層をターゲットにしているので、店舗を特定の顧客のために特化しないのだと思います。

小山 ｜ そうですね。価値提案、顧客セグメントから考えれば、単一フォーマットが合理的な判断です。ほかにどのように説明できますか。

L ｜ ドミナント出店と合わせて物流の効率化に寄与していると思います。

小山 ｜ そうですね。複数の店舗フォーマットに分かれると物流が複雑になります。集中した立地に一度配送できればコストダウンになります。ほかに、顧客との関係にはどのように影響しますか。

L ｜ そうですね。どこにもあるし、同じような品揃えなので、安心して

入ってしまいます。

小山 ｜ 無意識のうちにセブンイレブンを選んでしまうんですね。ドミナント出店のもうひとつのポイントは、顧客接点を増やせるということです。自転車シェアリングのサービスを始めていますが、これもドミナント出店していればこそのサービスです。サービス網がきめ細かいので、こうした新規サービスを立ち上げやすいのです。

　電子決済サービスのnanacoも、この文脈で説明が可能です。あるとき、近所のセブンイレブンが開店した際、nanacoにチャージをしたらお米をプレゼントするというキャンペーンを行っていました。チャージだけなら1円も損しませんので、やってみようとしたら、チャージ金額がなんと3万円。これだけチャージしてしまうと、しばらくセブンイレブンに入り浸りです。nanacoはこのように、顧客接点の多さを生かした囲い込み戦略として導入されたのです。

図表13 ｜ **セブンイレブンのビジネスモデル（2）**

KP パートナー	KA 主要活動	VP 価値提案	CR 顧客との関係	CS 顧客セグメント
大手メーカー グループ会社	チーム・MD	高品質な PB商品	nanacoによる囲い込み	全方位
	KR リソース 専用工場		CH チャネル 単一フォーマット ドミナント出店	
C$ コスト構造 低コスト化		R$ 収益の流れ 高単価		

小山 ｜ さて、そういうセブンイレブンに対して、ローソンはどのような戦略を採っ

ているのでしょうか。発表をお願いします。

ローソンチーム｜セブンイレブンとの違いにフォーカスすると、ひとつはPontaカードによって購買データの管理をしている点です。その分析結果から、セブンイレブンのようなマスに向けたビジネスではなく、女性やシニア層を新規ターゲットとして見出していったのではないかと考えました。

　女性やシニアに対して、健康的な商品やサービスを提供していくためのチャネルとして、多様な店舗展開を実施しています。たとえば、女性向けにはナチュラルローソンやローソンストア100、シニア向けにケアローソンなどを展開しています。

　もうひとつ主要活動として、店内に専門スタッフを置いて調理をして、おいしく健康的な食品を提供していくところが挙げられます。パートナーは、他業界との協業、たとえば薬局を店内に置いたり、介護の相談ができるサービスを展開したりということが挙げられます。

小山｜はい、ありがとうございました。セブンイレブンと比べてもっとも異なる点は、女性とシニアにターゲットを置いているという点です。これがはっきりわかるのは、成城石井を買収したり、ナチュラルローソンやローソンストア100を展開したりしたことですね。いずれも女性が主要なターゲットになっています。一方のセブンイレブンは頑なに単一フォーマットで事業を展開しています。

　このように、ローソンの多様な店舗展開は女性とシニアにフォーカスした戦略だということになりますが、もちろん価値提案もセブンイレブンとは異なってきます。

　さきほどローソンを選ぶと答えたローソン派の人に、なぜローソンを使っているのか聞いてみたいと思います。ローソン派の人は手を挙げてください。どうですか。

M｜「まちかど厨房」で店内調理しているカツサンドがすごくおいしくて好きです。

小山｜店内で惣菜を作っている店舗もありますし、ナチュラルローソンの中ではパン屋を併設しているところもあります。

　セブンイレブンは専用工場という、いわゆるセントラルキッチン型。これは

多くのファミリーレストランと同様です。店舗で調理するのではなくて、工場から来た食品を温めるだけというスタイルです。それに対して、ローソンは明らかに違う戦略を採っている。店頭での調理にこだわっているんです。これは、ドリンクをセルフサービスではなく、お店のスタッフがつくってくれるところにも現れていますね。

　ほかに、ローソン派の人はいますか。

N｜ローソンはスムージーの種類が多く、糖質が表示されているパンもあるので、糖質制限をやっている身としては入りやすいです。

小山｜なるほど。女性とシニアにフォーカスしているので、ローソンはセブンイレブンよりもちょっと尖った商品開発をしています。今おっしゃっていただいたようにスムージーの種類が充実していますし、低糖質商品をいち早く展開したのもローソンでした。セブンイレブンの商品開発が定番商品の高品質化であるとすれば、ローソンはニッチ商品志向が強いです。

　それから、さきほどPontaによる購買データの分析という話が出ました。データの使い方も、ローソンとセブンイレブンでは大分違います。Pontaとセブンイレブンのnanaco、どのような違いがあるか、あらためて指摘してもらえますか。

O｜nanacoは支払いができるのに対し、Pontaはポイントがメインである。

小山｜そうですね。まずは支払い系かポイント系かで大きく違う。さらにどんな違いがありますか。

P｜確か、Pontaを登録するときは住所や生年月日などの個人情報を入力した記憶があります。一方でnanacoは、あくまでも電子マネーなので、個人情報を収集するというよりは、単に決済機能があるだけという。

小山｜なぜ、Pontaは個人の属性データが必要なのでしょうか。

P｜個人の嗜好が取れるということ。

小山｜そういうことですよね。つまり、両者は根本的に設計思想が違うんです。nanacoは、カードを購入してチャージして使うわけですから、さきほど指摘したように、囲い込み戦略です。ところが、Pontaに囲い込み要素はそれほどありません。決済機能もついていない。でも、今おっしゃっていただい

たように、属性は取ろうとするわけです。実は、このビッグデータを使って、どんな人がどんなものを買っているのかを分析しています。出店計画を考えるときも、このデータを参考にしています。ナチュラルローソン、ローソンストア100、成城石井、一般的なローソン、どのエリアにどのような形態の店舗を出店すべきか、データを基にして戦略を練っているわけです。

図表14 │ ローソンのビジネスモデル

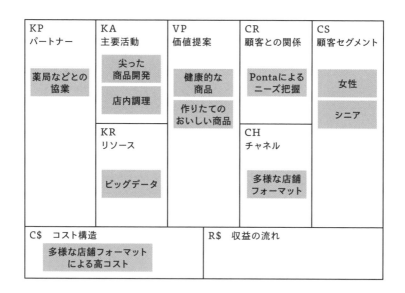

経営戦略のふたつの流れ
（ポジショニング派、ケイパビリティ派）

小山 │ では、今やっていただいたワークを振り返ってみたいと思います。このようにしてビジネスモデルを把握するとき、ポイントはどこにあると思いますか。

Q │ リソースと主要活動に注目することで、どのような価値を提供しよう

としているのかがわかります。たとえば、セブンイレブンでいえばチーム MD、ローソンでいえば店内調理。顧客との関係もnanacoとPontaでやろうとしていることが異なります。そのあたりを見ればいいのではないかと感じました。

小山｜そうですね。ビジネスモデル・キャンバスの右半分は「表舞台」として、利用者から見えています。しかし、左半分の「舞台裏」はブラックボックスになっているので、内情を知らないとわからない。舞台裏における違いを意識してみていくと、ビジネスモデルの違いが浮かび上がってきます。

　今回のワークにおいてもっとも大きなポイントは、一般的に「なぜセブンイレブンのPB商品はおいしいのか」、「なぜローソンは店内調理を積極的にやっているのか」というように、サービスの裏側にある仕掛けや背景を探ることです。この裏舞台を分析するために、まずはオペレーションに注目するということは大きなポイントになります。中でも、他社ではやっていないような独自性のあるものに着目すると、その会社の戦略が見えてきます。

　ほかに、ビジネスモデルを見るためのポイントはありますか。

R｜ストーリーを考えていく中で、要素の重要性が見えてきます。あるいは、欠けているものも見えてくる。

小山｜はい。ビジネスモデル・キャンバスにある枠は、すべての要素が全部つながっています。ストーリーを構成するときに、つながりが欠けていたら、そこに何かがあるはずだと探索していくということですね。実は、この「ストーリーを意識する」ということは非常に重要なポイントなのです。

　これは、本日の冒頭からお伝えしている「各要素を構造的に捉える」ことでもあります。「セブンイレブンはチームMDをやって成功しているから、うちの会社でもやってみよう」という三段論法で考えてやったとしても、成功するとは限らないわけです。専用工場を持つとしても、コストはどうするのか。どこと提携するのか。あくまでも構造的な問題であることを意識しながら考えていかなければならないのです。

　ほかに、ポイントはありますか。

S｜パートナーに注目すると面白いかなと思いました。自社に欠けているものを補えるからこそ、パートナーと組むメリットがあります。パートナーを見ることで、自社の弱みや将来のビジョンが分析できる。

小山 │ どの業種と組むのかといった、パートナーからもビジネスが見えてきます。ビジネスモデル・キャンバスの各項目には、自社でコントロール可能なものが入ります。リソースも活動も、自分たちで制御可能です。一方で、景気の動向や人口動態、競合他社などの外部環境は含まれていません。ビジネスモデル・キャンバスはあくまで自社内部の話です。

ただし、顧客セグメントやパートナーは若干異なります。それらは半分内部であり、半分外部でもある要素です。顧客はある程度は自社で選べますが、顧客のニーズは自社ではコントロールできませんよね。パートナーも同様です。自社に圧倒的なパワーがあれば選び放題かもしれませんが、パートナー側にも選ぶ権利があります。

日本の家屋に例えるならば、顧客やパートナーは「縁側」のようなものです。縁側には、隣近所の人がやって来て座ってお茶を飲んでいても、誰も文句を言わない。家の外なのか中なのかわからない、曖昧な領域です。これを「ビジネスモデルの縁側的な要素」と私は呼んでいます。ここからも、ビジネスモデルという構造物の特徴が見えてきます。

このように、ビジネスモデル・キャンバスを作って分析をしてみましたが、少し補足説明をしたいと思います。歴史的には、経営戦略には大きくふたつの流れがあります。ひとつは、「ポジショニング派」です。

1980年代、米国にマイケル・ポーターという天才経営学者が登場します。彼は、35歳でハーバード・ビジネススクールの教授になりました。彼が提唱したのは、「儲かる市場の中でのポジショニングで収益性が決まる」という説でした。顧客セグメントを絞りこむ「集中戦略」、全方位の顧客に対して低価格を訴求する「コストリーダーシップ戦略」、他社と異なる製品で差別化する「差別化戦略」の3つの戦略に分類して議論しました。

ところが1990年代に入ると、同じく米国の経営学者ジェイ・バーニーは、「同業が同じようにポジショニングを取っていても、収益性にかなりの差が出るケースがある」と指摘しました。そのとき、社内の能力（ケイパビリティ）や内部資源の使い方によって収益性が変わると主張しました。これが「ケイパビリティ派」です。

ポジショニング派とケイパビリティ派との間には、長い間議論が交わされ

ていました[6]。 2000年代に入ってからできあがったビジネスモデル・キャンバスは、この両方の要素が加味されたアダプティブ戦略のツールと位置づけられるでしょう。

図表15 | **ふたつの経営戦略の流れを統合**

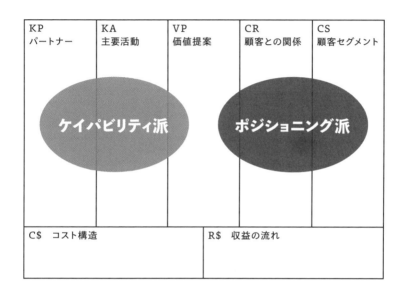

今回のコンビニを例に、もう少し具体的に解説しましょう。

たとえば、 セブンイレブンはコンビニ最大手として老若男女全体に対して定番のおいしい商品を提供するという差別化戦略を採っています。 一方でローソンは、セブンイレブンと比べると狭いターゲットを狙う集中戦略を採っています。集中戦略の中でも、特に女性とシニアに向けた商品を提供して差別化していこうとしているのです。

このように、ビジネスモデル・キャンバスの中に、その企業が採っているポジショニング戦略を見ることができるわけです。

---

6 三谷宏治『経営戦略全史』ディスカヴァー・トゥエンティワン、2013年

KP パートナー	KA 主要活動	VP 価値提案	CR 顧客との関係	CS 顧客セグメント
		差別化		**マス**
	KR リソース	**コスト リーダーシップ**	CH チャネル	**集中**

C$　コスト構造	R$　収益の流れ

　続いて、ケイパビリティ派の議論を見ていきましょう。企業の持つ経営資源において、VRIO分析をします。VRIOとは、経済価値（Value）、希少性（Rarity）、模倣困難性（Inimitability）、組織（Organization）の4つの評価区分を指します。特に希少性と模倣困難性は重要です。さきほどの例でいうと、チームMDや店内調理という活動は、すぐに真似できるものではありませんし、専用工場やPontaのビッグデータは希少です。こうしたケイパビリティを組み合わせると、独自の価値提案を生み出すことができます。

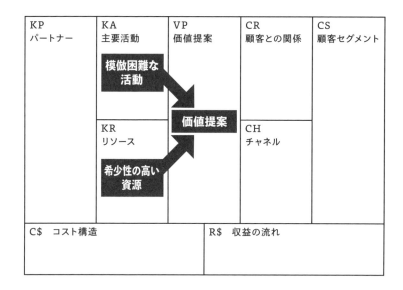

図表17 | **BMCにおけるケイパビリティ戦略**

新しいビジネスモデルのチェックポイント

小山 | こういった議論を踏まえて、中堅コンビニの生き残り戦略を考えてみましょう。ケイパビリティ派だったら、たとえば「セブンイレブンやローソンにとって模倣困難であり、なおかつ希少性が高いリソースはあるだろうか」という議論をすることになるでしょう。ポジショニング派だったら、「ニッチな層にむけて集中戦略を採るべきだ」という話になります。どこに集中するのか。どのセグメントにどのような価値を提供するのか。どのように差別化を図っていくのか。そういったところをかなり意識してストーリーを描いていかないと、中堅コンビニの生き残り戦略を練ることはできないでしょう。

　ここでまたチームに分かれていただき、中堅コンビニが生き残りうるビジネスモデルを作っていただきます。 30分間の時間をとります。 メンバーの意

見をとりまとめて、ふせんに要素を書き入れて、ビジネスモデル・キャンバスに貼り付けていってください。では、スタート。

（※30分間ワーク）

小山 ｜ はい、これから各チームに発表していただきます。発表を聞くみなさんは、新規事業担当者のプレゼンを受ける会社の経営陣という想定です。経営陣はビジネスモデルを見て、新しい事業や戦略を評価し、判断してください。では、発表をお願いします。

発表チーム ｜ 私のチームでは、セグメントを訪日外国人としました。

小山 ｜ かなり絞り込みました。攻めてきましたね。

発表チーム ｜ はい。彼らに何を提供するかというと、日本に来ている間の困りごとの全般的なサポートです。価値提案は、おもてなしです。普通のコンビニとあわせて、外国人スタッフを活用して店内にコンシェルジュをひとり置き、旅行やお土産を提案しながら販売します。

顧客との関係は単発ですが、日本滞在中はリピートしてもらえると考えています。チャネルは、主に観光客が集まる主要都市の店舗を考えています。パートナー企業は、ホテルや自治体、旅行会社です。みなさんも海外旅行に行ったときに、一日余ってしまった場合にオプションツアーを申し込んだ経験があるのではないでしょうか。そういったツアーを旅行代理店として販売していくことで、手数料などの新たな収益を得られると思います。

コスト構造は、専門の外国人スタッフをひとり置くことで、コストは従来よりも増えます。しかし、新たな付加価値を提供することで、外国人観光客がこのコンビニを選ぶメリットにつながるのではないかと考えました。

図表18 | インバウンド向けコンビニのビジネスモデル

KP パートナー	KA 主要活動	VP 価値提案	CR 顧客との関係	CS 顧客セグメント
自治体 観光客		観光情報 おもてなし	滞在中の リピート	外国人 観光客
	KR リソース 外国人 スタッフ		CH チャネル コンシェルジュ による対面	

C$ コスト構造	R$ 収益の流れ
外国人スタッフ 人件費	申込み手数料

小山｜この新規事業をやるべきかどうか。まずは、賛成と反対で挙手していただきます。やったほうがいいと思う人は手を挙げてください。ありがとうございます。では、やめたほうがいいと思う人。なるほど。大体半々ですが、やめたほうがいいと考える人のほうが少し多いですね。

　では、今の発表を聞いた経営陣役のみなさん、何か質問はありますか。

T｜コンシェルジュを店内に置くということですが、それは我々には経験がなく、ケイパビリティが足りないのではないかと思うのですが、そういった人材をどのように採用し、教育するかという計画をお聞かせいただければと思います。

小山｜ありがとうございます。ケイパビリティの観点から疑問が残るということですね。ほかにありますか。

U｜私は、インバウンド客がリピートするというところに若干不安を覚えました。当社は大手ではなく中堅のコンビニですから、実際にインバウンド客と当社のコンビニ数がマッチするのか、街を歩いていて店舗と出

会えるのか。

小山 | となると、顧客との関係だけではなくてチャネルにも問題があると。

V | そうですね。旅行会社と連携をとるにしても、ビジネスが成立するかどうかが不安になりました。

小山 | いわゆる顧客接点の問題ですね。チャネルや顧客との関係に懸念があるということです。ほかにどうでしょうか。

W | 価値提案のところで、おもてなしというものがありました。観光地ではそもそも街中にボランティアの方などがたくさんいる中、この価値提案が本当にインバウンド客に伝わるか、ちょっと疑問を感じました。

小山 | サービスを差別化していくうえで、コンビニでおもてなしをするといっても、非常に短時間のコミュニケーションになりますよね。駅の中には、観光情報を提供する窓口もあります。ほかにはありますか。

X | まず、旅行を販売するところで、リソースには旅行業の免許が必要です。それから、コンシェルジュはひとりしか置かないと理解したのですが、そのスタッフが何カ国語に対応して、どれだけの数のお客さまと接するのかと考えたときに、限界があるのではないかと思いました。ましてやそんなときに、本業である販売で混雑していたらコンシェルジュの業務まで回らないのではないかと、オペレーションにも不安があります。

小山 | そもそもコンビニエンスストアは、短時間でサービスが受けられる点が売りになっていますから、おもてなしと矛盾する部分があります。それから、旅行販売には旅行業の免許が必要だという指摘は確かにそのとおりですね。ほかにどうでしょうか。

Y | インバウンド客に特化すると、日本人の利用客が敬遠する理由になりかねないと思いました。経営資源は限られているので、その事業に注力すると、大手にシェアを奪われてしまうのではないでしょうか。すると、さらに経営が苦しくなる恐れもあります。

小山 | 元々の顧客をどうすべきかと。それから、リソース配分に不安があるということですね。ありがとうございました。

　私が通常、企業の新規事業立ち上げのお手伝いをするときも、このよ

うに経営陣からさまざまな指摘が出てきます。 30分やそこらで考えたアイデアですので、当然ツッコミどころは満載です。現実の世界ではもちろん、もっと時間をかけて準備をすることにはなりますが、それでも本質的にこうした質疑応答で問いかけられる内容に違いはありません。私たちはどんなふうに準備すればいいのでしょうか。わかりやすいように、次のような図表を紹介しています。

図表19 | **ビジネスモデル構築のポイントとなる3つの領域**

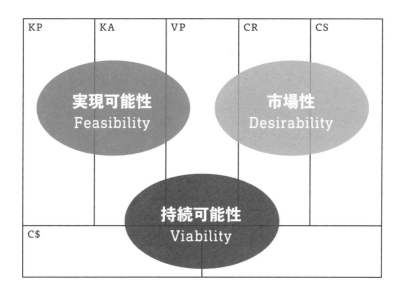

今、みなさんに議論していただいたように、ビジネスモデルを議論するときには大きく3つの視点から検討することになります。ひとつ目は、「実現可能性」。今の例でいうと、旅行業免許の必要性のような法律的な制限や、コンシェルジュのケイパビリティ的な問題なども含まれます。提案する側は、この実現可能性について説明責任があるので注意してください。

ふたつ目は、「市場性」。インバウンド客に膨大なマーケットサイズがあれば別ですが、実際はそれほど大きくはありませんよね。それから、コンビニ

でおもてなしのサービスが求められているのか。駅で無料の旅行情報窓口があるのに、有料でやっていけるのかといったポイントも含まれます。

　3つ目は、「持続可能性」。さきほど、専門スタッフには結構人件費がかかるのではないかという意見が出ましたが、本当に持続可能なビジネスなのかということです。以上の3つの領域に疑問点が集中する傾向があることを覚えておいてください。プレゼンをするときは、事前に想定問答をしておくことが重要です。

　では、今挙げていただいた質問に対して、擁護する場合はどのように答えますか。

Z｜ビジネスモデルを少し変えればいいのかなと思いました。専門の外国人スタッフに人件費がかかり、その収益として旅行販売やお土産販売をということですが、そこで収益を上げなくてもいいのではないかと。たとえば、案内ができるシステムを搭載したロボットを導入してインバウンド客を取り込み、"ついで買い"を狙うような形に持っていけば、コストを抑えることができるうえ、従来の日本人の利用客も影響を受けることはありません。

小山｜リソースは人ではなく、ロボットを使えばいいと。すると、インバウンド客だけではなく、他の利用客に対しても使えるかもしれない。もうひとつ、旅行を販売して手数料を儲けようという話でしたが、そもそも本業の販売でついで買いを担おうと。

A｜大阪にあるローソンの中にアンテナショップという形で熊本のお店が入っていて、インバウンド客が多数利用していました。そこではついで買いも発生していて、小腹が空いたときに食べるために熊本のお菓子や名産品を買って行かれる方がいました。

小山｜そういった展開もひとつの選択肢ですよね。確かに新大阪の駅には、セブンイレブンが運営しているお土産屋さんがあります。でも、普通のお土産屋さんでは少しつまらないですよね。コンビニらしいお土産屋さんが観光地にあると面白い。そういう切り口でビジネスモデルを構築すると、可能性が広がりそうですね。

　ほかに、フォローする意見はありますか。

B｜さきほど、差別化という話がありました。空港からの宅配サービスなどの荷物の宅配サービスをやるために、コンビニ同士で荷物を送り合う仕組みを作る。このコンビニに行かなければならない環境を作ることで、差別化が図れるのではないでしょうか。

C｜パートナーのリソースのところですが、コンビニとしてこの事業を始めるというよりは、ホテルや旅行案内所にコンビニを置いてもらえば、彼らのリソース、たとえば免許やおもてなしの技術を持つスタッフを利用して、同じインバウンド客向けのコンビニとしてシナジーできるのではないかと。

小山｜なるほど。ホテルの売店は寂れているところもありますからね。そこをテコ入れする方向もあるということです。では、ここまでにしておきます。改めてこのチームに拍手を送りましょう。

　ポイントは、このアイデアがいいか悪いかということよりも、さきほどの3つの領域、実現可能性、市場性、持続可能性を意識しながらビジネスモデルを構築することです。問題点を指摘するときも、この3つを意識しながら多面的に捉えるようにしてください。

第**2**講 | 経営指標から逆算して設計するビジネスモデル

キーエンスの高利益率の
秘密を解明する

事前予習設問

1 | キーエンスはなぜ高い利益率を実現できているのだろうか。ビジネスモデルの観点から指摘しなさい。

2 | 帝国重工業が高い利益率を実現するための戦略は、どのようなものがあるだろうか。

ビジネスモデル構築、
3つのレベル

小山│ここで、第1講で行ったワークの意味をもう少し深く理解するために、ビジネスモデルの3つのレベルという話を紹介したいと思います。ビジネスモデル・キャンバスを開発したアレックス・オスターワルダーは、ビジネスモデル・キャンバスの使い方にも3つのレベルがあると言っています。

レベル1は「チェックリスト」型の使い方。9つのブロックに、まるで穴埋めをするようにして情報を入れていく使い方。抜け漏れがないようにチェックしていくわけです。アレックスは、チェックリストを穴埋めするような使い方ではダメだと言っています。じゃあどんなふうに使うべきなのか。レベル2の「ストーリー」型の使い方をすべきだと言います。

レベル2のストーリー型。これは、要素をバラバラに書き入れるのではなく、要素間のつながりを意識して描くということ。まさに、ビジネスモデルの物語を作るという使い方です。講義の冒頭から使っている言葉を使えば、「構造を把握する」ということになります。

たとえばセブンイレブンのもっているチームMDは、要素だけを取り出してみても意味がなく、それがどのようにビジネスモデル全体のストーリーに寄与しているのかを見る必要がある。そうやって、要素そのものではなく、要素間の関係を把握していくやり方です。

レベル3は「絶え間ない進化」型。ビジネスモデルを発展、展開させていくための使い方です。Amazonはもともとオンライン書店からスタートしましたが、あらゆるものを扱うスーパーストアになり、今ではKindleによる電子書籍、Amazonプライム・ビデオによる動画配信のプラットフォームとして発展を遂げています。このように事業が進化していくとき、実はビジネスモデルの中に成長を促すエンジンのようなロジックが組み込まれています。

レベル1から3を、こんなふうに捉えることもできます。レベル1のチェックリスト型の使い方は、19世紀までの科学がそうであったように、要素還元

主義です。生命の秘密を知るために生物を見ていくと、臓器からタンパク質、分子、さらに原子へと小さく分解できます。しかし、それで生命の秘密がわかったかというと、わからない。バラバラにしたものを組み立てても生命は生まれません。

そこで要素をひとつひとつ分解して見るのではなく、構造で見ていくべきではないかと考え始めます。それがレベル2のストーリー型の使い方であり、これは先に紹介したような構造主義だといえます。20世紀は同時代的に、さまざまな領域でこの構造主義的な見方が広がっていきました。

さらにレベル3になると、構造がどのように生まれ、どのように生成発展していくかという絶え間ない進化型の使い方になります。これは構造主義のあと、という意味で「ポスト構造主義」と呼ばれます。構造がどのように生まれてきたのか、今ある構造がどのように変わっていくのか、といった構造の生成変化に関心領域が移っていくわけです。

図表20 | **ビジネスモデル構築 3つのレベル**

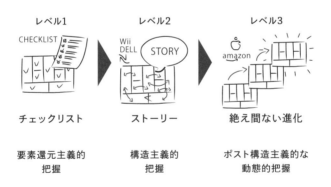

ビジネスモデルがどのような経緯で成立したのか、あるいは今後はどのようになっていくのかを動態的に把握する、レベル3の視点でケースを見ていきましょう。

帝国重工業株式会社の
利益率を改善せよ

　重工業メーカーである帝国重工業株式会社（仮）の今回の中期経営計画は、従来のものと大きく様変わりしていた。売上目標ではなく、利益率が目標として設定されたのである。いたずらに規模を追うのではなく、高い利益を出せる筋肉質な組織へと変えていくのだという経営陣の強い意思を感じる計画であった。

　昨年は、それまで11に細かく分かれていた事業部が3つの事業ドメインへと統合・再編される大きな組織変更が行われた。収益の出ない事業に対しては、撤退、売却などの意思決定ができるよう、権限を集中させたのだ。

　山本の所属する事業は、まさに売却対象として見られていた。売上規模はそれなりにあったものの利益はほとんど出ていなかった。中期経営計画では、統合された事業ドメイン全体で、現状の6％の利益率を10％にまで改善するよう求められていた。計画の達成に向けて、木村の事業が足を引っ張っていたのは明らかであった。

　それにしても、売上ではなく利益率をあげるというのはどうしたらいいのだろうか。売上であれば、営業部隊が一生懸命売り込めば達成できなくはない。しかし利益率を改善するためには、価格を上げるかコストを下げるかしなければならない。ただでさえ厳しい競争環境のなかで値上げは自殺行為だった。また、これ以上のコストダウンも乾いた雑巾を絞るようなものだった。4パーセントも利益率を押し上げられると思えなかった。

　そんなとき、キーエンスが50％以上の営業利益率を誇っているという記

事を目にした。キーエンスはFA（ファクトリーオートメーション）分野のメーカーで、各種センサーや計測機器、自動制御装置などを取り扱っている。積極的な営業スタイルが有名で、問い合わせをすればすぐに電話がかかってきて、現場の課題に対する解決策を提案してくれる。ソリューション営業やコンサルティング営業と言われる手法で、記事にはこうした営業手法によって50%が実現しているとあった。また、外部の製造会社への製造委託の方法、いわゆるファブレスの態勢をとっており、工場を持たないメーカーとしても有名であった。

　10%でも不可能だと感じていた山本にとって、50%の利益率というのは想像を絶する数字であった。一体どうやってそうした利益率を実現しているのだろうか。ファブレスだからコストを大幅に削減できている、コンサルティング営業を行うことで利益があがるのだといった指摘だけで説明ができるようには思えなかった。そもそも、自社の製品の原価率は60%を超えており、営業利益率どころか、販売したあとの粗利益率でも50%を超えることがないことは自明であった。

　もしキーエンスを参考にできることがあるとすれば、それはどのようなことだろうか。彼らから何を学べばいいのだろうか。

年収2000万円！謎めいた「キーエンス」の実態
「40代で墓が建つ」ほど理不尽な激務なのか

（東洋経済オンライン　2018年12月28日、https://toyokeizai.net/articles/-/257794、最終閲覧日2020年9月6日）

　平均年齢35.9歳、平均年間給与2088万円。大阪に本社を置くキーエンスの有価証券報告書（2018年3月期）にはほかの企業ではめったに見られない高収入が記されている。東洋経済オンラインの各種年収ランキングでもつねに上位に位置し、製造業では断トツの高収入だ。高収入は激務の裏返しではないか――。インターネット上などではブラック企業とのうわさも流れる。同社評のひとつが、「20代で1000万円

超え、30代で家が建ち、40代で墓が建つ」。平均勤続年数が12.2年とそれほど長くないことから、稼ぐだけ稼いで独立するというイメージもある。

こうした見方に対し、キーエンスの経営情報室長の木村圭一取締役は「厳しい働き方を求めているわけではないし、若手の裁量度がとても高い会社だ」と語る。高収入は会社の成長と高収益を社員に還元している結果だという。

▶営業利益率は脅威の50％超え

経済産業省の企業活動基本調査によれば製造業の売上高営業利益率は4.7％（2016年度実績）である。それに対し、キーエンスの2018年3月期決算は売上高5268億円、営業利益2928億円と営業利益率にして約55％という驚異的な水準をたたき出した。成長も継続中。2008年3月期決算は売上高2006億円、営業利益1023億円だったので、10年で3倍弱の成長を遂げたことになる。

同社が手掛けるのは、FA（ファクトリーオートメーション）にかかわるセンサーや画像処理システムである。FAとは工場の生産工程を自動化するために導入するシステムのことだ。生産ラインにおいて正確な製造作業や不良品の排除を行うために、物の位置を精密に測定するセンサーや画像処理技術はFAにとって重要となる。

国内の労働人口減少や新興国の人件費高騰などによって省人化が求められ、FAを必要とする企業は年々増している。同社の業績が近年目立って好調なのは、良好な外部環境によるところが大きいことは確かだ。

売上高のうち5割強が海外。その内訳は詳細には開示されていないが、「アジア向けが約4割、北中南米向けが約3割、欧州向けが2割」（関係者）という。国内、海外を問わず、各地域で満遍なく売り上げが立っており、販売地域が分散されていることが同社の安定感につながっている。

とはいえ、これだけで利益率50%超は達成できない。脅威の利益率にはいくつかの要因がある。自前の工場を持たないファブレス経営を徹底していること。製品の研究開発と営業に集中して、実際の生産は他社に委託しており、低原価、低コストを実現している。

製品の研究開発力が競争力の源泉との見方も強い。同社の新製品は7割以上が「世界初」か「業界初」。木村氏は「外部の人から営業力が強さだと指摘されるが、研究開発力が何よりの強み」と話す。

▶営業は結果ではなくプロセス重視

ただ外部の声として圧倒的に多いのは、「営業ノウハウがすごい」（国内証券アナリスト）という指摘だ。キーエンスに約20年在籍し、現在も機械業界で活躍するOBのA氏は、「キーエンスの本当の強みは製品開発とその製品を売るときの戦術にある」と明かす。

「『世界最速』など製品のコンセプトがしっかりしているので、製品を説明しやすい。営業マン個人のメリットも、相手先の導入メリットも開発に組み込まれているので、販売戦略を立てやすい」（A氏）。新製品の営業のしやすさと商品としての魅力が、営業力の強さにつながる。

営業においても絶えず合理性が問われるという。A氏によれば、重要となるのが「施策」という営業計画だ。「施策」では売上目標を達成するための細かなストーリー作りが求められる。たとえば製品パンフレットを何冊発注し、誰に対しどのように配布するのかなどを事細かに決めるのだ。

「しっかりと市場の先を読み、正しい戦略・戦術を組み立てられるかが問われる」（A氏）。キーエンスではこの「施策」を入社して間もないころから実践し、営業を学んでいくという。「棚からぼた餅式でたまたま営業成績がよくなっても、計画が甘すぎると評価されない。なぜ結果がよくなったか説明を求められる」（A氏）。結果よりもプロセスをしっかり踏めているかが重視されるという。

そのため「若い人のなかには途方もない空振りをしていると思う人が

いるかもしれない」とA氏は言う。実際、「営業成績ではなく、チラシの配布枚数や営業先の件数の達成度など細かなものばかり指摘されて意味がわからず辛かった」と明かす元社員もいる。

ただし「施策」を重視するのは、営業も戦略を組み、先読みする力を身につけるため。キーエンスで長年海外事業に携わったOBのB氏は、「いかに合理的な営業を常に行えるかを普遍化したような会社」と振り返る。

合理性の追求は営業に限らず、会社組織として浸透しているようだ。キーエンスは現名誉会長の滝崎武光氏が1972年に設立した。滝崎氏は同社株の7.7%を持つ大株主だが、オーナー色は思った以上に薄い。同社の採用サイトには社員の親類縁者は応募できないと明記されている。実際、役員名簿には滝崎氏の親類縁者は見当たらない。合理性の塊ともいえる組織で、その点では「フェアな会社」(B氏)なのだ。B氏はかつて、転職が盛んな海外で人材のつなぎ止めができていないと指摘されたことがあった。このとき、B氏は海外の転職市場のデータを示して反論。転職が前提の海外に合わせた社員教育や人事制度の確立を提案し、本社を納得させたという。

「上司や役員などの誰が言ったのかではなく、何を言ったのかが重視される」(B氏)。根拠に基づいて論理的に説明できれば、新卒1年目の社員にも耳を傾ける社風という。「上司におもねることや派閥を形成するようなことはなく、経営陣を含め上司に対しても基本的にはさん付けで呼び合っていた」(同)。

▶元社員は転職市場で高い評価

業務の合理性を追求する社員が育つため、転職市場でもキーエンス社員は人気の的だ。6年で退社し、現在は自動車メーカーに勤める元社員は「キーエンスに在籍したというだけで、大手製造業数社から誘いをもらった」と転職時を振り返る。海外でもアメリカを中心に「キーエンスユニバーシティ（大学）」とも評され、人材輩出企業として一目置

かれている。

　ネット上などでは、キーエンスを辞めた後に起業する例が多いとされるが、「300人くらいのOB会で起業者数は指で数えるほどしかいなかった」(A氏)。あえて起業するよりも、自らが働きたい会社でキーエンスの経験を生かす人が多いようだ。

　ただ、こうした実態はなかなか表に出てこない。情報開示が極端に少ないからだ。ノウハウ流出の防止やBtoB事業からくる制約などが理由とされるが、その姿勢が秘密めいた企業イメージにつながっている。また、同社はこれまで頻繁に決算期変更を行っているが、それも上場企業としては異例の措置といえる。

　「もう少し会社の状況や働き方を公開してもいいのに」(OBのひとり)。平均年収2000万円超、営業利益率50%超は徹底的な合理性の追求の証しだろう。が、その異様とも言える数字に対する説明がもっとあれば、ひどい噂も立たないはずだ。

図表21 | **キーエンスの経営情報**(2019.3)

連結損益計算書

		対売上比
売上高	526,847	100%
売上原価	94,174	17.9%
売上純利益	432,672	82.1%
販売費及び一般管理費	139,781	26.5%
営業利益	292,890	55.6%
営業外収益	6,225	1.2%
営業外費用	256	0.0%
経常利益	298,860	56.7%
法人税、住民税及び事業税	93,427	
法人税等調整額	△5,162	
法人税等合計	88,264	
当期純利益	210,595	40.0%
販売費及び一般管理費のうち主要な費目及び金額		
役員報酬及び従業員給与手当賞与	64,250	12.2%
		(百万円)

※キーエンス2019年3月期有価証券報告書をもとに筆者作成

ビジネスモデル視点による競合分析
——なぜキーエンスは高収益なのか

小山｜では、本日最後のセッションに移ります。ここでは架空企業として帝国重工業株式会社を元に話を進めます。ドラマに出てきそうな会社名ですが、もちろん関係はありません。概してこうした重厚長大な産業の利益率は低く、大きな経営上の課題になっています。そうした会社からすると、若干業種が異なるとはいえ、キーエンスの高利益率は垂涎の的です。

　こうした利益率は企業努力みたいなことでは説明がつきません。これだけの利益が出るというのは構造的な問題だからです。それと同様に、中期経営計画で利益率を高めるということについても、これまでの延長線上での企業努力では、実現は難しいでしょう。ここではキーエンスを例に、ビジネスモデルと経営上の指標がどのように連動しているのかを見ていきたいと思います。

　利益率以外にも「売上高研究開発費比率（研究開発費÷売上高）」を見てみると、キーエンスの2.5％という数字は高くはなく、数字だけを見ると、研究開発にそれほど力を入れているようには見えません。それから「製造原価率（製造原価÷売上高）」も重要です。キーエンスの場合は17.9％。これは、業界的に見ると異常なくらい低い水準です。

　本日の議論は、こうした数字の背景にどのようなビジネスモデルがあるのかを考えていただきたいのです。なぜ製造原価率が異常に低いのか。なぜ売上高研究開発費率は一般的な水準なのに営業利益率が高いのか。そのあたりのロジックを意識しながら、改めてビジネスモデルを整理していきたいと思います。グループごとに10分間でディスカッションしてください。では、スタート。

第**4**章　実況中継編——ビジネスモデル

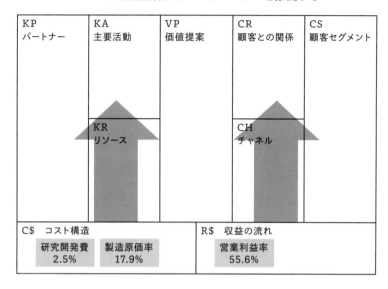

図表22 | **経営指標からビジネスモデルを推測する**

KP パートナー	KA 主要活動	VP 価値提案	CR 顧客との関係	CS 顧客セグメント
	KR リソース		CH チャネル	

C$　コスト構造		R$　収益の流れ	
研究開発費 2.5%	製造原価率 17.9%	営業利益率 55.6%	

（※10分間ワーク）

小山│では発表をお願いします。

発表チーム│キーエンスのビジネスモデルでは、営業力に注目が行きがちですが、一番のポイントは、実は価値提案にあると考えました。業界初、世界初の製品が非常に多い。そのため、価格も高く設定できます。一方で、製造協力会社に製造を委託することによってコストを下げられます。このことから、高い営業利益が実現できていると考えます。

KP パートナー	KA 主要活動	VP 価値提案	CR 顧客との関係	CS 顧客セグメント
製造委託先	「施策」という 営業計画 人材育成	7割以上が 世界初・業界初 営業ノウハウ	提案営業	工場をもつ メーカー 海外・国内
	KR リソース 営業ノウハウ 研究開発力		CH チャネル 直販	

C$ コスト構造	R$ 収益の流れ
ファブレスに よる低原価　人件費 平均2000万円	高単価

小山｜高い営業利益の理由のひとつに、オンリーワン製品を開発している点があると。よく、ファブレスということだけでこの高利益率を説明しがちなのですが、実際にはそれだけで説明できません。協力会社は国内ですし、その協力会社の管理コストも乗ってきます。人件費の安い海外に委託するならまだしも、自社で作らないからといって急にコストダウンできるわけではありませんね。やはり、強気の値づけができる製品開発力に秘密がある。

　ちなみに、この中でキーエンスから製品を調達した経験のある人はいますか。やはりキーエンスの製品は高いのでしょうか。

C｜研究資材として顕微鏡を購入しましたが、ものすごく高かったです。

小山｜他社よりも。

C｜はい、ずっと高価です。ただ、同じクオリティの画像を撮影できる顕微鏡は、キーエンスにしかありませんでした。

小山｜なるほど。キーエンス以外に選択肢がなかったわけですね。ほかにいらっしゃいますか。

D｜私も研究室に在籍しているんですが、やはり高かったです。キーエ

ンスの営業マンは頻繁に営業にやってくるんです。値段を聞くと、たとえば他社では500万円の製品が、キーエンスが開発したものは800万円という話はザラにあります。でも、画像がきれいだったり、処理速度が速かったりするので、生産性があがるんですよ。結局、高いけど購入に踏み切ります。

小山 | なるほど。費用対効果で考えると、多少高くてもキーエンスを選んでしまう、と。一方で、キーエンスの研究開発費は、対売上比で2.5%と高いわけではありません。研究開発型の企業であれば10%を投じる電子メーカーもあります。なぜ費用をかけずに世界初、業界初の製品を作ることができるのでしょうか。

　実は、最先端の技術でもって世界初の製品を作るというよりは、既存の枯れた技術をうまく組み合わせて新しい製品を作り出す、企画力の高さが差別化のポイントになっているんです。基礎研究からやっているわけではありませんので、研究開発費自体はそれほど高くはありません。

　しかし、そうだとしたら他社もすぐに同じような製品を開発できそうです。以前、私は同じようなFAメーカーで今回と同じようにキーエンスの分析ワークをやったことがあります。そのとき、こんな質問をしたんです。「キーエンスの製品は業界初だ、世界初だと言われていますが、特別な技術を使っているわけではないとしたら、すぐに真似できるはずです。でも、なぜ作らないのでしょうか」。実は、ライバル会社が同じ製品を作れない理由が3つあったんです。この理由は何だと思いますか。

E | 以前、キーエンスの競合会社に勤務しておりました。その会社はハイスペックな製品を作る会社だったんです。技術者たちにとっては「キーエンスの真似をする＝グレードダウンした製品を作る」ということになりますので、真似ることに反対していました。

小山 | なるほど、作ることはできるのに、作らないと。キーエンスは業界初ではあるけれど、最先端ではないということですよね。

E | そうですね。たとえば、ちょっとした液晶モニターをつけるとか、誰にでもできるような簡単な技術を使って、お客さんも気づかなかった利便性を捉えて開発するのが非常にうまいんです。

小山 | 顧客企業のニーズを汲み取ったり、生産性をあげるために誰もが気づいていないニーズを取り入れたりして開発するんです。しかも、過剰品質にならないよう絶妙な性能で設計する。エンジニアからすると、わざわざ性能を落として作る意味がわからないから、追随しない。

ほかにどんな理由があったと思いますか。

F | キーエンスの強みで真似できないのは、やはりコンサル営業だと思います。キーエンスは、営業マンがお客さまの会社に入り込んで、お客さま自身も気づいていないようなニーズを掴み、マッチした製品を開発する。そしてそれを営業が販売する。このように、他社では営業と開発のマッチングができないのではないかと思います。

小山 | そうですね。キーエンスの製品は顧客の隠れたニーズにマッチした、いわばニッチな製品が多い。ということは、売るときにもそれなりに説明が必要になります。一般的に、数十万円といった価格帯の商品であれば、直販営業ではなくて販売代理店を経由して販売するほうが合理的です。キーエンスと違って、多くの企業は販売代理店を使っています。そのとき、「この製品はこういうふうに売ってください」という代理店教育をしなくてはならないんですが、ニッチな製品になればなるほど、売りづらくなる。他社がキーエンスの製品を真似して開発しても、代理店経由で販売しようとしても売れないんですよね。

G | ニッチな製品を製造するのに、ファブレスであることがメリットになっているのではないかと思います。ロットが少なくても対応ができる。

小山 | そうですね。他社は一般的に、自社の製造ラインで製品を作ります。すると、ある程度の生産ロット数がないと回らないんです。一方キーエンスは、大掛かりなラインを組まないので、最低ロット数が非常に少なくてすむ。それだけ、ニッチなものを作れる。他社は、たくさん売れる汎用品にせざるをえない。そして汎用品になると、当然のことながらコスト競争になり、当然、利益率も下がります。この悪循環に陥ってしまうのです。

帝国重工業での実践

　帝国重工業の話に戻します。これまでの話を受けて、帝国重工業でキーエンスのような戦略を実現するためにはどうすればいいか考えていただきます。帝国重工業がキーエンスのような戦略をやる場合、どのような問題があって、どのような解決策があるのでしょうか。

H｜帝国重工業は利益率がかなり低いという一方で、売り上げの規模はそれなりに大きい。そこで、キーエンスのようにファブレスにして固定費を抑えることが、利益率を高めるひとつの解決策ではないかと思います。

小山｜1990年代のバブル崩壊以降、ファブレスに転換した企業が実際にたくさんありました[7]。しかし、収益が思うようにあがっていないという状況があります。さきに見てきたように、ファブレスという選択は、それまでの日本企業が誇っていた生産技術の優位性を捨てることであり、代わりとなる優位性、キーエンスでいえば優れた商品企画力といったものを持たなければならないですね。帝国重工業がそうした代替する強みを持てるのか、という議論もありますね。

　ちなみに、今まで自社生産だったのをファブレスに変えると、どのようなことが起こると思いますか。実体験でもかまいません。

I｜以前、自社でテレビを製造していましたが、他社、中国系のEMS（Electronics Manufacturing Service の略。電子機器の受託生産を行うサービス）に委託しました。利益はあがりましたが、品質が落ちる問題が発生しました。製造委託先の管理という新しい課題が出てきて、うまくいくまで時間がかかりました。

小山｜製造委託先の管理、悩ましい問題ですね。自社で製造していると、開発や設計の部分に多少の課題を抱えていても、優秀な生産現場が熟練

7　ASCII.jpデジタル用語辞典「ファブレス」https://yougo.ascii.jp/caltar/ファブレス（最終閲覧日2020年5月8日）

の技で解決してしまう、ということがありました。その結果、設計がどんどん複雑になり、過剰設計になっていきました[8]。しかし、製造を他社に依頼すると、外注先の工場で簡単に製造できるよう、設計側で緻密に設計しないと、製品の歩留まりが悪くなってしまう。その点、キーエンスは、ファブレスで製造しても歩留まりが高くなるような設計にしている。設計力も求められるんです。

　ほかにどうでしょうか。

J｜キーエンスから学ぶことは、利益率にこだわるところです。帝国重工業も同様にすべきです。では具体的にどうするかというと、ふたつあります。ひとつはコスト削減。事業部を3つに統合再編したので、各事業バラバラに調達していた原材料を集約して、調達コストを下げることができるのではないでしょうか。もうひとつは意識改革です。ケースを見ると、利益率の改善は困難であると書いてあります。それを「実現できる」と意識を変えることが必要なのではないかと。

小山｜意識を変える。これは、値づけへの意識ですね。通常、メーカーというのは、コストプラスで値段をつけます。キーエンスのように「製造原価20％で作ったけど、80％の利益を乗せよう」と考えると、一般的な日本メーカーは「不誠実ではないか」という話になる。つまり、製造原価を抑えたら、その分、安い価格で売ろうと考えてしまうのです。しかし、キーエンスは大胆に利益を乗せていきます。なぜなら、コストではなく費用対効果で値段をつけるからです。

　高い値段であっても、顧客にメリットがあれば売れる。たとえば、生産効率があがって年間1億円のメリットがあるとわかれば、その機械が2000万円でも購入します。原価がいくらであるなんてことは、関係なくなってしまうんですね。こうした価値に基づく値づけが、キーエンスの戦略の根底にあるんです。

8　藤本隆宏『能力構築競争』中公新書、2003年、pp.306-315

ビジネスモデルのクリティカル・コアを考える

小山｜最後にご紹介したいのは、「クリティカル・コア」という言葉です。これは一橋大学の楠木建教授の言葉で、キーエンスの強みを表現するのにぴったりです[9]。

図表24｜**賢者の盲点となるクリティカル・コア**

		全体	
		非合理	合理
部分	合理	合理的な愚か者	普通の賢者
	非合理	ただの愚か者	賢者の盲点（クリティカル・コア）

　さきほど、数十万円の価格帯の製品であれば販売代理店を使うという話をしました。それを直販営業で売ろうとするキーエンスの営業戦略は、常識に反しています。キーエンスはそういう「やってはいけないこと」をいくつも取り入れているんですね。今でこそ常識になっているファブレスも当時の非常識でしたし、ニッチな製品を多数揃えるというのも、商品点数を減らすべきであるという経営の原則にも反しています。在庫コスト、管理コストがかさんでいきますからね。でもどうしてそうした選択をしているのでしょ

9　楠木建『ストーリーとしての競争戦略　優れた戦略の条件』東洋経済新報社、2012年、pp. 322-327

うか。

　図表24を見ながら整理してみましょう。まずは「ただの愚か者」。部分的に非合理であるうえ、全体でも非合理なこと。これは、もちろん話になりません。

　しかし「合理的な愚か者」は、多くの人が陥りやすい。部分的には合理的であっても、全体から見ると非合理であることです。たとえばさきほどの話にもありましたが、エンジニアが「ハイクオリティな製品を作れるのだから、ローグレードなものなんか作らない」と言いました。これは合理的ですよね。ところがそれにこだわると、会社全体としては利益が伸びず、非合理なことになりかねません。

　次に「普通の賢者」。多くの人がこの判断をします。部分的にも全体的にも合理的な判断のことですね。ビジネススクールで学ぶみなさんは、まず普通の賢者の選択をすることでしょう。しかしそれでは、他社も同じような戦略を取るので、競争から抜け出すことはできません。キーエンスのような高い利益率は望むべくもありません。

　キーエンスがやっているのは、これら3つのうちどれでもありません。部分的に合理的ではないことですが、全体としては収益につながり、合理的なことになっています。一見非合理でも、持続的な競争優位になる。これがクリティカル・コアであり、「賢者の盲点」です。

　キーエンスは低価格帯商品を代理店に任せず、直販を始めます。すると、顧客企業の現場のニーズが手に取るように分かるようになり、これを商品開発に生かしてかゆいところに手が届くような業界初、世界初の商品を生み出せるようになった。その結果、高い値付けで販売できるようになりました。「直販」という部分だけ見ると非合理な経営判断になりますが、全体として合理的なものに変えていったわけです。

図表25 | **競争優位の階層**

	競争優位の種類	持続的優位の源泉
レベル4	クリティカル・コア	動機の不在 意図的な模倣の忌避
レベル3	戦略ストーリー	一貫性・交互効果
レベル2	組織能力	暗黙性
	ポジショニング	トレードオフ
レベル1	業界の競争構造	先行性
レベル0	外部環境の追い風	

こうしたクリティカル・コアは、一見非合理であるがゆえに、強い競争優位として機能します。

ここで競争優位の階層について説明します。ひとつ目は、レベル0。外部環境の追い風です。たとえば、近年のAIブーム。AIと言えば出資を受けられる、というちょっとしたバブルの状況がありました。どの企業も成長しているものの、これは単なる世間の追い風であり、競争優位まで至っていない状況です。

続いてレベル1。ここで、業界の競争構造という競争優位が生まれます。これは、競争の順位がそのまま、競争優位に影響するということです。たとえば最近、LINE PayやPayPay、楽天ペイなどといったQR決済サービスが続々と登場しましたね。この中で、PayPayが他社に先駆けて「100億円あげちゃうキャンペーン」を実施して話題を呼びました。さらにLINE Payとの合併を打ち出し、確固たる競争優位を築いていきました。こういった段階は、他社よりも少しでも先に手を打つ、先行性で勝っていく

必要があります。

　私たちが今日学んだのは、レベル2から上の競争優位です。ポジショニング派の議論は、コストダウンを図れば価値が下がるし、価値を上げようと思ったらコストも上がるというトレードオフがある中で、どのような戦略を採るのか、ということでした。セブンイレブンは全方位の差別化戦略でしたし、ローソンは集中戦略を採っていましたね。

　もうひとつの組織能力は、ケイパビリティ派の話です。セブンイレブンはチームMDや専用工場、ローソンは店内調理やPontaのビッグデータなどのケイパビリティで教養優位を築こうとしていましたね。

　レベル3の戦略ストーリーは、戦略の一貫性、交互効果によって競争優位を築いていくものです。これについては、改めて詳しく触れますので、ここでは紹介程度でとどめておきたいと思います。

　そしてレベル4のクリティカル・コアは、他社に真似されることはありません。さきほどもお話ししましたように、一見非合理な戦略だからです。それは、キーエンスが非合理であるがゆえに競合他社が追随できない、追随しないというところからも理解いただけると思います。そしてこの段階の競争優位は、他社が真似してこないがゆえに競争を避けることができ、高い収益性を実現できるわけです。

　業界が一般的に非常識と捉えているものを取り入れていくことが、実はイノベーションにつながる。一度非合理性を受け入れるということが重要なんです。

　本日の講義は以上となります。また明日、お目にかかりましょう。

第**3**講 人材活用を組み込んだ ビジネスモデル構築

人材から価値を生み出すシステム

事前予習設問

1 | ブックオフのビジネスモデルにおいて、
　　人材という要素は他の要素とどのように
　　関連しあっているだろうか。

2 | 人材活用という点において、ブックオフの
　　ビジネスモデルの特徴はどのようなものだろう
　　か。

INTRODUCTION

人材活用にまつわる
クリティカル・コア

小山｜みなさん、おはようございます。では、第3講の講義を始めます。

　前回キーエンスを例にとって、クリティカル・コアの解説をしました。クリティカル・コアとは、一見非合理でも、持続的な競争優位になる戦略要素のことでしたね。他社が真似したくないような打ち手を打つことが参入障壁となり、その結果、高収益があげられ、競争優位を築いていくという話でした。

　クリティカル・コアのような戦略を打ち出しているのは、キーエンスだけではありません。ほかに思いつく企業はありますか。

A｜ドン・キホーテです。利用客にとって見やすいレイアウトにしているわけではなく、どちらかというと雑然としていて、宝探しのような感覚で店内を楽しんでもらえるような商品の配置を意識しています。

小山｜そうですね。陳列の常識に反し、一見非合理だけど、利用客の人気を集めている。しかも、ドン・キホーテが業界内であれだけの急成長を遂げたにもかかわらず、同じような戦略を採る企業はほかにありません。ドン・キホーテがやっているカオスのような陳列は、他社も真似しようと思えば、簡単にできますよね。ところがほかに真似する企業は見当たらず、みんな整然と商品を陳列しています。商品をカテゴリー別に分けて見やすいように並べ、いかに効率よくお客さんが買い物しやすくできるかということに注力していますよね。それが合理的だからです。ほかにどうでしょうか。

B｜ライザップです。普通のスポーツジムは、マシンの利用やトレーニングの指導だけに留まるんですが、ライザップはそれらに加えて普段の食事指導までやっています。そして、「結果にコミットする」というところをアピールしています。

小山｜はい。やはり結果へのコミットが大事な要素ですよね。これによってライザップは大きな注目を集めましたが、他のスポーツジムは真似て同じよう

な戦略を採ったでしょうか。なかなか出てこないですよね。ということは、ここに何らかのクリティカル・コアがあるはずです。なぜ、他社は真似しないのでしょうか。

C｜他のジムスタジオは会員を増やそうと努力しますが、結局、会員の一部は入会したままジムを利用しなくなってしまいます。すると、ジムスタジオとしてはボロ儲けになります。ここで、成果が出なかったら返金するというシステムにしてしまうと、自らの利益を減らすことになりますから、やりたがらないと思います。

小山｜はい。休眠会員や利用率が低い会員がある程度いないと、実はビジネスが成り立たない。こういったビジネスモデルの中で、結果にコミットすると言ってしまうと、すべて返金しなければならなくなりますよね。これは真似したくないわけです。もうひとつ聞いてみましょうか。

D｜スターバックスが当てはまるかなと。広告費に1円もお金をかけていないからです。それから、直営店のみ展開しているという話も聞きました。これらの部分は他社には真似できませんし、一見非合理だと感じます。

小山｜1日目の講義でもご紹介しましたが、楠木建教授はクリティカル・コアの事例として、スターバックスの事例を紹介しています。通常であれば、コスト削減や事業拡大などの理由からフランチャイズで展開しますよね。ただ、直営店とフランチャイズ店とを比較すると、売り上げに差が出てしまうんです。スターバックスの戦略は非合理に見えますが、全体としては合理的なんです[11]。

　それからもうひとつ、スターバックスには接客マニュアルがないという話があります。マニュアルがないのに、なぜ顧客満足度の高い接客ができるのでしょうか。

E｜店員同士がテストをしあうなど、各店舗がオリジナルで教育にすごく力を入れているから。マニュアルがなくても、現場の努力で接客の質を上げている。

小山｜そういうことですね。通常であればマニュアルをしっかり作って、どこの店舗に行っても標準的な接客ができるように教育します。ところがスター

11　楠木建前掲書、p. 302

バックスは、自分たちで試行錯誤しながら店舗ごとにスタッフ教育をしていて、独自性が生まれています。マニュアルがありませんから、当然、手間暇がかかりますが。これによって、スターバックスにとって何が競争優位になっているのでしょうか。

F｜私の会社で採用担当をしていたとき、スターバックスでアルバイトをしているという学生たちが何人か面接に来たんです。そのときに聞いたんですが、やはり、店舗ごとに接客が異なる点、接客が標準化されていない点はデメリットになり得るんですが、逆に言えば、お客さんがスタッフ個人のファンになってくれるらしいのです。標準化されていない分、自分で工夫して最適な接客ができる。ここが大きなメリットになると思います。

小山｜そうですね。マニュアルにとらわれない接客ができることで、お客さんに合わせたコミュニケーションができる。これは当然、売り上げにもつながります。こうした人材活用にまつわるクリティカル・コアの事例として、ここではブックオフを取り上げてみたいと思います。

CASE-1

ブックオフの高収益を支えた人材活用

　ブックオフは、古本市場において新しいビジネスモデルを確立した。従来、書籍に関する高度な知識が必要であった中古本の買い取りを、定価の1割で買い取り5割の価格で販売する、売れ残りの不良在庫は100円で販売するなど、極めてシンプルなルールに基づく値付けにより、誰もができる作業へと転換した。学生の多い地域であれば学生が、会社員が多い地域であれば会社員が本を売りに来る。それをそのまま販売すれば、地域特性にあった書棚ができあがる。その点でブックオフのビジネスモデルは、古本産業の簡便化であった。

　本を売りに来る人は、本を売ってお金を手にしたいというよりも、本で一杯になった部屋を片づけたいという動機で本を持ち込んだし、また積極的な出張買取も行った。こうして、かなりの低価格で買い取ることができた結果、売上原価は25％と低く抑えることができた。従来の古本屋が行ってこなかった、持ち込まれた本をキレイに整えるなどのプロセスも、高い販売価格の維持に貢献していた。

　一方、一般の書店の売上原価は約80％と高い水準であった。また、再販売価格維持制度（再販制度）によって、出版社が定価を決定し、書店はその定価と異なる金額では販売できない制約があった。格段に低い原価構造と柔軟な価格設定は、ブックオフの強みであった。

　仕組みは非常にシンプルであり、模倣は簡単そうであった。しかし、競合他社が同じような仕組みでビジネスを始めても、ブックオフのように高い収益はなかなかあげられなかった。同じブックオフでも、1坪当たり平均月間売上高は直営店が7万円、フランチャイズ加盟店は5万円と大きな収益の差があった。ブックオフの収益は単なるシステムだけで生まれているので

はなかった。

　そのヒントとなるのが、現場のオペレーションである。不振店舗にはテコ入れが入り、短期間のうちに業績を改善させていた。買い取った書籍をすぐに棚に並べたり、棚を積極的に整理するなど、店舗のオペレーションの質の向上が、主なテコ入れ策であった。

　そうした取り組みとあわせて、パートタイムで働く人たちへの積極的な権限委譲や、最終的には社長にまでなれるという昇進の機会を与えていた。実際、橋本真由美氏はアルバイトから社長に就任することになった。店舗立て直しの請負人として、不採算店に行っては人材教育を行い、収益の改善を図ったその実績が評価されたのである。

　担当する棚が付与され、その棚の売上目標を意識しながら仕事をする環境を作った。こうしたこともあり、パートタイマーであっても、プロ意識を持って仕事に取り組む文化が生まれていた。人材の活躍による強みが、ブックオフの成長を支えていた。一般の書店の場合、パターン配本と呼ばれる、取次が提案する品揃えに合わせて売り場を作ることが多い。そのため、どの書店に行っても並んでいる本にあまり違いがないということが起こる。その点、ブックオフの棚に並ぶ本のラインナップは、多様である。

　さて、パートタイムやアルバイトに限らず、従業員の活躍ということでいえば、あらゆる企業が対象となる。どんな業種、どんな業態においても、ブックオフのような取り組みは機能するのだろうか。こうした施策が成果を上げるブックオフならではの理由があるとすればどのようなものだろうか。

参考文献
藤川佳則、吉川恵美子「ブックオフコーポレーション中古品ビジネスにおけるサービス・イノベーション」『一橋ビジネスレビュー』54、2007年SPR.

ブックオフの
ビジネスモデル

小山 │ さてここから、ブックオフの事例を見ていきたいと思います。こちらがブックオフのビジネスモデル・キャンバスになります。

図表26 │ **ブックオフのビジネスモデル(1)**

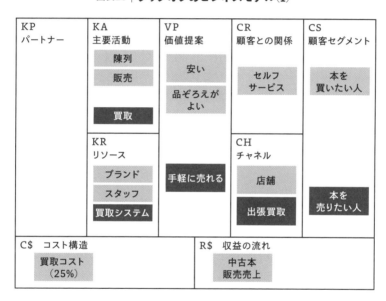

小山 │ ブックオフの特徴は低い商品原価にあります。一方、書店の原価率は約80％ということなんですが、なぜこんなに原価率が高いかというと、再販制度によって売れ残った本を出版社に返本することができるからです。

　一般的に小売の場合、商品を一度買い取ったら責任を持って売り切らないといけないんですけれども、書店の場合はそうではないんですね。このようにリスクが少ないから、利益率も低く設定されています。ちなみに、

私は自由が丘で雑貨屋も営んでいるのですが、手作りの食器などの雑貨は原価6割が標準です。他の業界の原価率を知っている方はいますか。

C | 食材の卸売業の場合、原価率は約85%です。食材の原材料を海外から調達してメーカーに卸すのですが、最終利益は3%くらいになります。いわゆる中間の流通です。基本的には、メーカーに全部買い取ってもらいます。

小山 | なるほど。中間の流通は売れ残りのリスクは負っていないわけですね。

C | そうです。

小山 | 商社も同じですけど、こうした中間流通の利益は低くなります。リスクがない分、マージンを乗せづらい。口銭なんて言われ方もしますね。販売手数料という意味ですね。逆に、販売にリスクがある場合には、在庫リスクの分、利益を乗せていかないとビジネスが成り立ちません。

　前回の講義でも触れましたが、このように原価率から事業構造を垣間見ることができます。書店が原価率80%でやっている一方で、ブックオフは原価率25%で回している。販売リスクを負っている分、利益を上乗せできる。このように、ブックオフのビジネスモデルは収益性が高いということで注目されたわけです。

モチベーションの源泉

小山 | 続いて、なぜブックオフは売り上げを伸ばしているのかという点に着目してみましょう。大きな要因として「スタッフの活躍」が挙げられます。スタッフによって、各店舗の売れ行きが大きく違うのです。資料にも、「同じブックオフでも、1坪当たり平均月間売上高は直営店が7万円、フランチャイズ加盟店は5万円と大きな収益の差があった」とありますね。

　ブックオフ以外にも、このビジネスに途中から参入した会社がありました。しかし、ブックオフと比較すると、どうしても収益性が低くなってしまう。そ

れはビジネスモデルに理由がありました。前提として、ブックオフのスタッフは高いモチベーションを維持しています。スタッフはみな、非常に生産性の高い仕事ができている。これはなぜだと思いますか。

D | 店内の棚ごとに担当が決まっているからです。担当制によって各スタッフに責任や意思決定の権限を持たせることが、モチベーションにつながっていると思います。

小山 | 責任と権限は、非常に大事なポイントです。ほかにどうでしょうか。

E | パートでも平等に昇進の機会が与えられているからです。橋本真由美さんが最終的に経営トップにまで上り詰めたように、実績があれば誰でも昇進できるという点が、モチベーションにつながっているのかなと思います。

小山 | ええ、それも大いにありますね。ほかにありますか。

F | 値づけのやり方がシンプルに決められているため、時間や労力を節約できる。その分、棚のレイアウトなどの重要な業務に時間を割くことができるからです。

小山 | このタスクは、難易度設定もちょうどいいのではないかと思います。あまりにも複雑で難しい業務だと、さすがにアルバイトで行うのはたいへんです。しかし棚のレイアウトは、試行錯誤しながら、少しずつノウハウを身につけていくことができますよね。

　ハンガリーの心理学者チクセントミハイが提唱した「フロー理論」というものをご存じでしょうか。寝食を忘れるほど何かに熱中する状態を起こすためには、条件があると言うのです。彼は、完全に集中して喜びを感じながらその活動に取り組む状態を「フロー状態」と定義しました[12]。

　その状態に入る条件のひとつは、難易度です。ちょっと難しいけど、頑張ればできるくらいの難易度であること。簡単すぎても難しすぎてもダメなんです。

　ふたつめが、フィードバック。やったことのフィードバックが即座に返ってくることです。やってみたけど、結果が出るのは3年後だと、集中状態に入れません。

12　M. チクセントミハイ著、今村浩明訳『フロー体験　喜びの現象学』世界思想社、1996年、p. 51

3つ目が、明確な目的です。目的がはっきりしている活動に取り組むことですね。ブックオフの棚のレイアウトにおける担当制は、こうした条件に当てはまっています。

小山｜次に、少し視点を変えた質問をします。スタッフがやる気を出せば、どんな業界でも業績は伸びると思いますか。たとえば、コンビニでアルバイトしている人たちがモチベーションを高めて頑張ったら、ここまで売り上げは大きく変わるでしょうか。

G｜コンビニでは、商品の陳列やオペレーションなどの基本的な形式が決まっているので、一人ひとりの能力差があまり出ないことから、モチベーションが売り上げに大きく影響することはないと思います。

小山｜そうですね。ブックオフの場合、モチベーションの高いスタッフがいると価値が生まれて、その価値が利用客に届き、結果として売り上げが伸びるという因果関係があります。売り上げにインパクトがあると、人件費や原価に充当でき、実績のあるスタッフを昇進・昇給させられます。

　一方でコンビニの場合は、スタッフがモチベーションを上げたとしても、オペレーションは大体決まっています。コンビニ業界の方に話を聞くと、「店員によって売り上げは随分変わりますよ」と言われます。ブックオフ同様、直営店とフランチャイズ店とを比べると、売り上げに差があるそうです。ただ、ブックオフと比べると、スタッフのモチベーションが売り上げに与える影響度はそれほど大きくはないでしょう。ブックオフのほうが、明らかに裁量が大きく、モチベーションが価値につながり、そして売り上げを押し上げています。

スタッフによってもたらされる価値提案

小山｜では、何が利用客にとっての価値につながっているのでしょうか。

H｜表現は陳腐ですが、お客さんにとって買いやすい棚だと思います。

たとえば、ドラッグストアの棚割提案のように、お客さんが欲しいと思ったジャンルの本がどこにあるかすぐにわかるような……。そういった価値があると、お客さんは他の中古の書店ではなく、ブックオフに行こうと考えるのではないかと。

小山｜棚が他店よりも工夫されていて、買いやすい構造になっていると。それによって売上にもつながっていきますね。

Ｉ｜その棚割のところですが、経験豊かなスタッフは、どういう本が売れやすいかわかっているはずなので、それを反映したレイアウトができるのかなと思います。

小山｜売れ行きを反映した棚ですね。ブックオフは地域特性に合った書棚にしています。学生街だったら学生が使う教科書や専門書、オフィス街だったらビジネスパーソンが読むような実用書が売れますよね。こういった売れ行きを反映して棚を構築するんです。

　現場の方から聞いた話ですが、昼と夜とで棚割を変えるお店もあるのだそうです。すごいですよね。棚は可動式になっていて、簡単に移動させることができます。昼間の客層は学生や主婦がメインになり、夜間は会社帰りの社会人が増えますから、レイアウトを変えると売り上げが大分違うとおっしゃっていました。

　ほかにどのような価値があるでしょうか。

Ｊ｜オペレーション効率がよくなったことで、買い取った本がバックヤードに滞留しなくなるので、販売機会を逃さない。

小山｜なるほど。これは、一見、地味なことのように思えるかもしれませんが、実はすごく大変な作業なんです。買い取った本をすぐに棚に並べる業務は、まさにスピード勝負です。古本の場合は、特にその傾向が強い。古本は鮮度が重要で、たった数日で魅力が失われていきます。買われない本はずっと売れ残ってしまうんです。

　だから、本を買い取ったら、一刻も早く棚に並べなければならない。さらに、顧客に魅力が伝わるよう棚割を工夫する。そういったことも、スタッフが責任を持ってやらなければなりません。

従業員を顧客と捉える

　今回、みなさんにお伝えしたいのは、ビジネスモデルにおける人材活用の仕組みです。1990年代後半、米国の大手コンサルティング会社マッキンゼー・アンド・カンパニーが人材の獲得・育成に関する調査を行って、「War for Talent（人材獲得競争）」という論文を発表しました。企業の競争力を維持していくためには、これからはマネジメント人材をどのように獲得し、どう育成していくかが重要だという話が語られています。そのなかで興味深いのが、人材が他社ではなく、自社の組織で働くことによってしか得られない独自の価値を提示できるかが重要だと指摘していることです。これを従業員のための訴求価値（EVP=Employee Value Proposition）と呼んでいます[13]。

　つまり、企業側が従業員を選んで利用する、ということではなく、人材のほうから企業が選ばれるように、企業は価値提案していく必要があるというのです。従来の雇用関係から考えれば、これはコペルニクス的転回といえるでしょう。企業にとって従業員はもはや、価値を提供する対象、すなわち顧客でもあるのです。

　ビジネスモデル・キャンバスを使ってこの点を考えるとき、スタッフを顧客セグメントに置いてビジネスモデルを描いたほうが、実態を捉えるうえでは適切です。

　これはかなり大胆なビジネスモデルの書き方です。これまで議論してきたように、従業員が陳列を工夫すればするほど、本を買いに来たお客さんにとって魅力的な棚ができあがり、結果、売り上げも上がっていく。売り上げが上がるので従業員のモチベーションも高まるという、好循環が生まれているのがわかります。

13　エド・マイケルズ、ヘレン・ハンドフィールド＝ジョーンズ著、渡会圭子訳『ウォー・フォー・タレント "マッキンゼー式"人材獲得・育成競争』翔泳社、2002年、pp.47-48

KP パートナー	KA 主要活動	VP 価値提案	CR 顧客との関係	CS 顧客セグメント
	陳列	安い	セルフ サービス	本を 買いたい人
	販売			
	買取	品ぞろえが よい		
	人材教育			本を 売りたい人
		手軽に売れる	CH チャネル	
	KR リソース			
	ブランド	達成感と 評価	店舗	アルバイト
	スタッフ			
	買取システム		出張買取	

C$　コスト構造	R$　収益の流れ
買取コスト （25%）	中古本 販売売上

　従業員は顧客と考えても問題ないのでしょうか。そこでみなさんに聞いてみたいのですが、「顧客の条件」とは何だと思いますか。

K｜お金を払ってくれる人です。

小山｜なるほど。でもそれだと、ブックオフにとって「本を売りたい」という人はお客さんではないということになってしまいます。実は「お金を払う」というのは、顧客の条件ではないんです。たとえば、みなさんGoogleの検索サービスを使っていますが、お金は払っていません。それでもやはり、私たちはGoogleの顧客なんです。ほかに意見はありますか。

L｜会社にとって何らかの利益をもたらしてくれる人。

小山｜お金ではなく、利益をもたらしてくれる。そうですね。そう定義すれば、Googleで検索してくれるユーザーは、広告収益をもたらしてくれるという意味での顧客、となりますね。

　しかしこの定義だと、パートナーも自社に利益をもたらしてくれる顧客ということになってしまう。パートナーと顧客、いったい何が違うのでしょうか。

M｜顧客は、自分たちの事業が価値を提供する対象である。

小山｜そうですね。顧客は、価値を提供する相手です。パートナーはあくまで足りない活動やソースをサポートする存在ですね。ほかにありますか。

N｜商品にしろ、店にしろ、顧客側に選択権がある。

小山｜最終的には顧客が選択するということですね。パートナー企業、たとえばユニクロが東レの新素材を使うとき、基本的にユニクロが東レを選ぶ、という関係になります。しかし、顧客はさまざまなアパレルメーカーの中からユニクロを選ぶわけです。

　これは、店舗で働くスタッフも同じですよね。どこで働くかは、それぞれの意思に委ねられている。ブックオフでアルバイトしなくても、ほかの企業で働いてもいいわけです。

　しかしブックオフの場合は、スタッフにある程度の裁量権が与えられ、どのような立場でも成果を出せば評価され、昇進もでき、業務に熱中できるという価値がある。一般的な単純なアルバイトの仕事よりも、ブックオフの仕事のほうがやりがいがあるから、アルバイトの応募者が増えていくわけです。これはまさに、マッキンゼーが指摘したことです。

　昨日から、仕組みとしてのビジネスモデルというテーマに取り組んできました。しかし、ビジネスモデルは、あくまでも仕組みです。それを動かす人がいなければ、ビジネスモデルも機能しません。

　みなさんはMBAを取って、このあとマネジメントの世界に入っていくことになります。そのときに、仕組みばかりでそこで働く人をおざなりにしていたら、おそらくその企業は長続きしないでしょう。人材の働きが価値につながり、その価値によって企業も収益をあげ、その収益でもってさらに人材の活躍の場が広がる。そうした循環を生み出すという視点を、ぜひ忘れないでもらえたらと思います。

CASE-2

トヨタとホンダのビジネスモデル

　トヨタ自動車の国内でのシェアはグループ全体で40％を越え、2014年には自動車メーカーとして世界初の販売台数1000万台を実現したトップメーカーである。高級車ラインとして立ち上げたレクサスも成功を収め、トップ企業らしいフルラインナップを揃えた。それらを、全国に張り巡らせたディーラー網によって売り切る強さを持っている。

　製造プロセスにおいては、系列と呼ばれる長期的で深い関係を持つサプライヤー群と、かんばんシステムなどに代表されるトヨタ生産方式と呼ばれる無駄のない生産手法によって、高い品質とコスト優位性を持っている。同時にトヨタ・ニュー・グローバル・アーキテクチャー（TNGA）と呼ぶ自動車のプラットフォームの共用化を行い、コストダウンと基本性能の向上を図る。また、環境に配慮したハイブリッド車や燃料電池自動車などの新しい技術にも積極的に投資をしている。

　こうしたトヨタの成功を支えているのは、人材である。「モノづくりは人づくり」という考え方のもと、人材育成に力を入れている。中長期的な視点をもって、仕事を通じて成長を促していくOJTによる教育は、日本企業の典型ともいえる。問題の真因を追求する姿勢などは、現場の中で培われていくものであった。その根底にあるのは、「知恵と改善」「人間性尊重」のふたつを柱としたトヨタウェイである。従業員の成長と会社の成果を結びつける考え方が、トヨタの発展を支えているのである。

　また、トヨタグローバルビジョンでは、世界中の生活や社会を豊かにしていくために自らを改革していくという、社会的責任を果たすためにたえず改善を推し進めるストイックな企業の姿が記述されている。

トヨタグローバルビジョン

笑顔のために。期待を超えて。

人々を安全・安心に運び、心までも動かす。

そして、世界中の生活を、社会を、豊かにしていく。

それが、未来のモビリティ社会をリードする、私たちの想いです。

一人ひとりが高い品質を造りこむこと。

常に時代の一歩先のイノベーションを追い求めること。

地球環境に寄り添う意識を持ち続けること。

その先に、期待を常に超え、お客様そして地域の笑顔と幸せにつながるトヨタがあると信じています。

「今よりもっとよい方法がある」その改善の精神とともに、トヨタを支えてくださる皆様の声に真摯に耳を傾け、常に自らを改革しながら、高い目標を実現していきます。

▶本田技研工業

　スーパーカブの大ヒットなどバイクの製造販売で成功を収めたホンダが自動車開発を手掛けたのは、1963年のことであった。ホンダは後発であったが、しかしユニークな商品開発と、F1などでの活躍などによって、熱烈なホンダファンを獲得した。顧客のロイヤルティは高く、ライフタイム・オーナーシップ・ロイヤルティ（LOL）戦略のもと、既存客はライフステージに合わせてそのままホンダの別の車種に乗り換え続けることが多いことが知られている。

　創業者である本田宗一郎の夢であった航空機開発は、自動車開発と同時期の1960年代に開発に向けた情報収集を開始したが、HondaJetとして市場で顧客に引き渡されたのは、それから50年以上もたった2015年だった。創業者の夢によって、企業が駆動しているのである。研究開発

部門は1960年に本田技研工業から分離するかたちで、株式会社本田技術研究所として独立しているのも、他の企業にない特徴である。商品開発は研究所で行い、製造・販売は本社という役割分担が行われた。

　基本理念として「買う喜び」「売る喜び」「創る喜び」という「3つの喜び」を掲げる。事業の中心に喜びがあるというのは、まさにホンダを特徴づけるものだ。また、問題が起こると自然と人が集まって自由闊達な議論が始まる、ワイガヤと呼ばれる風土がある。

　2012年に「負けるもんか」というCMが放送され、評判になった。ホンダが世に出した歴代の名車が映し出され、本田宗一郎の言葉とされる「負けるもんか。」という言葉で終わるこのCMのコピーは、ホンダのいう「喜び」や「夢」は、それを達成するための苦労があるからこそ輝くことを示唆する。

　　　がんばっていれば、いつか報われる。
　　　持ち続ければ、夢はかなう。
　　　そんなのは幻想だ。
　　　たいてい、努力は報われない。
　　　たいてい、正義は勝てやしない。
　　　たいてい、夢はかなわない。
　　　そんなこと、現実の世の中ではよくあることだ。
　　　けれど、それがどうした？
　　　スタートはそこからだ。
　　　技術開発は失敗が99％。
　　　新しいことをやれば、必ずしくじる。
　　　腹が立つ。
　　　だから、寝る時間、食う時間を惜しんで、何度でもやる。
　　　さあ、きのうまでの自分を超えろ。
　　　きのうまでのHondaを超えろ。
　　　負けるもんか。

従業員の活躍から生まれる
異なる価値

小山｜従業員の活躍を、顧客への価値提案につなげるビジネスモデルの例として、自動車大手のトヨタとホンダを見ていきたいと思います。この2社のビジネスモデル・キャンバスを作成していただくのですが、作り方に条件をひとつ設定します。それは、キャンバスの顧客セグメントに、従来の顧客のほかに「従業員」も入れること。そして、その従業員に対する価値提案を記載することです。

　トヨタの車を買う人は、なぜトヨタで購入するのか。トヨタで働く従業員は、なぜトヨタで働くのか。それぞれの立場から、価値提案を考えてみてください。そのうえで、従業員が活躍すればするほど、価値が生み出されるロジックが見えてくるはずです。そして、それにより上がった収益が従業員に還元され、さらなる価値を作り出す。ブックオフにもこういった好循環が見られましたよね。ビジネスモデル・キャンバスを描きながら、この循環を見つけてください。

（※15分間ワーク）

小山｜それでは、トヨタ、ホンダ、各1チームずつ発表をしていただきます。まずはトヨタチーム、お願いします。

トヨタチーム｜まず、車を買う顧客の視点からビジネスモデルを考えます。車を買う人に対する価値提案はいくつかあります。ひとつ目は故障も少なく運転しやすい品質の高さ。ふたつ目は、手の届く買いやすい価格帯。3つ目は、充実したディーラー網等によるサポート体制です。これらをひとことで言えば、安心感です。

　そうした価値を提供するために、高品質な製造とカイゼン活動が主

要活動に入り、リソースとしてはそれを支えるトヨタ生産方式などのノウハウ、TNGAプラットフォームを入れました。パートナーは、系列企業です。

　続いてコスト構造は、1000万台という規模の経済を生かした原価低減を図っています。そのひとつが、TNGAプラットフォームです。このコストダウンから、リーズナブルな価格設定が可能になっています。

図表28｜**トヨタのビジネスモデル**

KP パートナー	KA 主要活動	VP 価値提案	CR 顧客との関係	CS 顧客セグメント
系列企業	高品質な製造	高品質		全方位
	カイゼン活動	適切な価格		
	環境技術開発	サポート	CH チャネル	
	KR リソース		強力なディーラー網	
	生産ノウハウ			
	TNGA			

C$　コスト構造	R$　収益の流れ
規模の経済による低減	手に取りやすい価格

小山｜ありがとうございます。あらためて、顧客がトヨタの車を買うとき、なぜトヨタを選ぶのでしょうか。この中でトヨタの車を所有している方はいらっしゃいますか。

O｜トヨタは店舗数が多いからです。メンテナンスを考えたとき、自宅近くに店舗があるメーカーのほうがいいと思いました。

小山｜なるほど。安心感も含めて、手間がかからないということですね。他にどうでしょうか。

P｜私はプリウスに乗っているんですが、エコだからという理由でした。あとは、燃費がいいからですね。

小山 │ トヨタの一部の車種は非常に燃費が良くて、長く乗る人にとっては経済的にも優位になります。他にありますか。

Q │ 安心というイメージがあります。それから、トヨタ車はさまざまな機能が標準装備になっていまして、新たにオプションでつける必要があまりなかったのも魅力でした。

小山 │ なるほど。他社の車だとオプションをつけることで高額になっていきますが、標準装備でそれなりに高品質が保たれるということですね。

　さて今回は、こういった価値が従業員の活躍によって生まれているという前提で考えます。その場合、従業員の働きがどのように価値に寄与しているのか。この点を掘り下げてみたいと思います。トヨタの事例では、どのように説明できるでしょうか。続けて、トヨタチームの発表をお願いします。

トヨタチーム │ 従業員に対しての価値提案のひとつは、成長機会です。業務の中で、世界最先端ともいえる製造現場、開発現場に関わることで成長できます。また「未来のモビリティ社会をリードする」というトヨタグローバルビジョンの言葉があるように、社会に対する使命感も重要な要素だと思います。

　結果として、車を買う人に対する価値提供が増えていきます。カイゼンによる品質向上や、社会へのインパクトの大きい環境技術の開発は、こうした人材の活躍によって実現できています。

KP パートナー	KA 主要活動	VP 価値提案	CR 顧客との関係	CS 顧客セグメント
系列企業	高品質な製造	高品質		全方位
	カイゼン活動	適切な価格		
	環境技術開発			
	OJT	サポート	CH チャネル	トヨタ社員
	KR リソース	成長機会	強力なディーラー網	
	生産ノウハウ	社会的意義		
	TNGA			

C\$ コスト構造	R\$ 収益の流れ
規模の経済による低減	手に取りやすい価格

小山 ｜ ありがとうございました。さきほどのブックオフとは違う価値を従業員に提供し、それがトヨタとしての価値につながっています。加えられるコメントはありますか。

R ｜ 生産現場でのカイゼンについて、トヨタにはQCサークル（現場スタッフが自主的に、製品やサービス、仕事などの質の管理・改善に取り組むグループ）があり、こうした現場での地道なカイゼン活動が品質向上につながっていると考えられます。

小山 ｜ 日本の生産現場のクオリティは、一般的に優れていると言われています。技術には、研究開発によって生み出される技術以外に、生産技術という領域があります。どんな複雑な設計でも生産現場で何とか対処できるなど、日本の生産技術は高い。町工場に世界的な生産技術があるなんていう話も聞きますよね。そこがどんどん高度化していきます。こうしたカイゼンについて、追加で説明できる方はいらっしゃいますか。

S ｜ 大まかにふたつのポイントがあります。ひとつは、「なぜなぜ分析」。発生した問題の根本的な原因を探るために、「なぜ?」「なぜ?」と繰り返

して問い、掘り下げていく手法です。これを非常に速いスピードで回すんです。現場スタッフは、何か問題が起こったら即座に集まってなぜなぜ分析をやることで、工場で滞留せずに流せる仕組みがあるのです。

ふたつ目は「アンドン」。ベルトコンベアなどを用いた強制駆動型生産ラインの生産状態報告システムです。何か起こったら、即座にラインを止めて通知される仕組みです。これは、スタッフが集合するきっかけになっています。

小山｜トヨタの工場に見学に行って驚くのが、生産ラインがしょっちゅう止まるということです。トヨタだったら、工場が効率的に動き続けていると思っていたが、そうではない。アンドンによって、問題が起こるとすぐに警報を鳴らして止めるんです。

アンドンがついたら、そこに従業員が集まって調査し、解決してまた戻る。これが結構な頻度で起こるんです。このように、躊躇なく止めるから、不良品が出る可能性を抑えられるのです。問題を可視化するわけです。現場のカイゼン活動の根本には、「問題が起こったら止める」ということがあるんですね。そしてラインを止める権限は、現場の人が持っているわけです。

経営陣からしてみれば、現場スタッフが生産ラインを止めるというのは非常にヒヤヒヤするものです。しかし、現場に責任を持たせ、権限委譲している。現場に自己決定権がある。問題が起こると自分たちで改善し、ラインが動きはじめるというように、即座にフィードバックが出る。現場がどんどんよくなっていくという実感が持てる。

T｜車を購入するお客さんは、トヨタで買うことで、品質だけでなく、メンテナンスにおける利便性、スタッフの対応などによって安心感を得ています。そこで従業員は、自分自身の働きや工夫によってお客さんに安心感を与えているというやりがいを感じることができます。そういったサイクルそのものが、トヨタというブランドにつながっているのではないかと思いました。

小山｜そうですね。高品質だけでなく、さまざまなかたちで顧客への価値につながっています。

U｜世界規模で膨大な台数を生産していますので、それに対する社会

的責任があると思います。その結果、環境への影響も配慮できるといった価値が生まれます。

小山｜社会的責任という要素も大きいと思います。トヨタは、工場見学などをかなりオープンにしているんです。無駄のない生産方式を世の中に広めることで、社会全体がよくなると考えているからです。

トヨタとは異なるモチベーションで
仕事に取り組むホンダ

小山｜では、次にホンダのビジネスモデルについて発表していただきます。顧客である「車を買う人」と「従業員」、それぞれの立場から分析していきましょう。では、ホンダチームお願いします。

ホンダチーム｜まず自動車購入者のビジネスモデルから検討します。

　まず商品は、トヨタの安心感よりも、ユニークな商品によるワクワク感が重要です。基本理念の3つの喜びのうち、「買う喜び」を提供しています。このユニークな商品は、別法人となっている本田技術研究所によるもので、パートナーと位置づけました。ワイガヤによる問題解決や、リソースとして創業者の夢が重要な役割を果たしていると思います。

　ホンダは、「LOL（ライフタイム・オーナーシップ・ロイヤルティ）戦略」を打ち出しています。ホンダの車を買ったお客さんには次もホンダの車を買ってもらい、代替率を上げていこうという取り組みです。顧客とは、高いロイヤルティでつながっています。

　ディーラーは、「売る喜び」という理念に基づき、熱心に販売するのではないかと考えました。

KP パートナー	KA 主要活動	VP 価値提案	CR 顧客との関係	CS 顧客セグメント
本田技術 研究所	挑戦的な 研究開発 ワイガヤ	買う喜び ユニークな 製品	高い ロイヤルティ	ホンダファン
	KR リソース 創業者の夢		CH チャネル 熱心な ディーラー	

C$ コスト構造	R$ 収益の流れ
	買い替え

小山 │ ありがとうございます。みなさんにも質問したいと思います。この中で、ホンダの車に乗っている人はいますか。いらっしゃいますね。なぜ、ホンダの車を選んだのでしょうか。

V │ 僕はシビックなんですけれども、小さくて小回りが利くので、すごく運転しやすいんです。

小山 │ なるほど、ずっとホンダの車に乗っていますか。

V │ ずっとです。

小山 │ ホンダファンなんですね。ほかにありますか。

W │ 私の場合は、両親がずっとホンダの車に乗っていたので、その流れでディーラーを紹介してもらったのがきっかけでした。結局、親戚もホンダで買っていますし、たまたま私の会社もホンダの車を使っていますので、人のつながりという理由が強いです。ただ、実際に運転してみると、性能はすごく高いなと感じました。燃費もいいので満足しています。

小山 │ なるほど。ほかにありますか。

X │ 私ではなく、家業が抱えている職人さんたちの話ですが、どんなに

お年を召された方でもホンダの車に乗りたがるんです。

小山｜なぜでしょう。

X｜エンジン技術を追究しているところに共感するそうです。ものづくりをしている人たちはホンダを好むのかもしれません。

小山｜なるほど、ちなみに、どんな職人さんですか。

Y｜設備系の機械技術者です。

小山｜同じものづくりをする人たちに共感を呼ぶ商品なんでしょうね。

小山｜では、このようなホンダの価値を実現している主要活動やリソースにはどのようなものがあるでしょうか。

Z｜技術研究所と同じ敷地内に製造工場があり、多くの研究員と作業員との間につながりがあるところです。研究所と生産施設の距離が近い。

小山｜ホンダは2011年の東日本大震災で、栃木にあった研究開発拠点が大きなダメージを受けました。それをきっかけに軽自動車の開発機能を、生産拠点である鈴鹿に移転しました。これによって開発のスピードが格段に上がったのです。やはり生産部門とR&Dは距離が近いほうがいいという話になったそうです[14]。

　ホンダの「ワイガヤ」と呼ばれる、さまざまな立場の人たちがワイワイガヤガヤ話すコミュニケーション文化は、これは問題解決のみならず、雑談も含まれます。先程のトヨタの「なぜなぜ分析」は、問題解決のために真因を追求するという目的がありますので、これとは若干異なっています。一方のホンダは、コミュニケーションを密にすることが目指されています。このあたりもトヨタとホンダの違いとしていえそうですね。ほかに主要活動はありますか。

A｜ホンダは、性能にこだわるという差別化戦略を採っています。ホンダならではの技術を開発するために、新しいことへの挑戦を積極的に行っています。

小山｜もっともわかりやすい例は、ケースにもあるホンダジェットですよね。

14　木崎健太郎「同じ部署の人の隣に座ってはいけない」大部屋開発の復権、https://www.nikkei.com/article/DGXNASDD13014_T10C12A8000000/、日経オンライン、2012年8月14日、最終閲覧日2020年8月16日

もともと本田宗一郎は最初に動力付き自転車を開発しました。バイクの原型です。そこから派生して自動車を開発し、量産に入っていきました。ただ、本田宗一郎の最終の夢は「飛行機を飛ばしたい」ということだったんです。

　本田宗一郎が亡くなった後もジェット機の開発を続けていて、ようやく叶ったというわけです。一般的には、「夢」と言ってしまったら、経営判断で事業ごと潰されてしまいますが、ホンダは夢を真面目に追い続けているところがありますよね。F1もそうですが、夢を追いかけた結果、高性能という強みが生まれている。技術者の気持ちに響くようなビジネスモデルになっているということです。

　このあたりになってくると、従業員への価値提案にもつながってきそうですね。では、改めてホンダチームのみなさんに、従業員を顧客においたときのビジネスモデルを発表していただきましょう。お願いします。

ホンダチーム｜「従業員」である技術者と販売員に対して、ホンダの企業理念に「3つの喜び」のうち、「創る喜び、売る喜び」が、従業員への価値提案となっています。

　技術者については、「ホンダらしい製品開発」ができ、ユニークな製品を提供できます。販売員については、熱心に販売することで顧客の高いロイヤルティを高めることができます。

KP パートナー	KA 主要活動	VP 価値提案	CR 顧客との関係	CS 顧客セグメント
本田技術研究所	挑戦的な研究開発	買う喜び	高いロイヤルティ	ホンダファン
	ワイガヤ	ユニークな製品		
	KR リソース	創る喜び	CH チャネル	ホンダ社員
	創業者の夢	売る喜び	熱心なディーラー	
	企業文化			

C$　コスト構造	R$　収益の流れ
	買い替え

小山｜ありがとうございます。このビジネスをどう思いますか。

D｜技術者にとっては、自分の作りたいものを作ることができる環境があるという点がすごく大きいと思います。

小山｜創る喜び。自分の夢を叶えられる場所で働きたいということですね。ほかにどうでしょうか。

E｜チャレンジ精神が尊重され、開発への挑戦を実現させてくれる。

小山｜決して対立概念ではありませんが、トヨタの場合は「成長」というニュアンスが強い。一方でホンダの場合は、成長よりは「チャレンジ」や「喜び」というところに比重が置かれている。この点が違うわけです。

　このように、同じ自動車メーカーであっても、従業員に対する価値が異なっています。そしてそのことが、企業の価値提案にもつながっていくのです。ビジネスモデルの設計とは、従業員のこうした働きを価値に変えるプロセスの設計であり、企業というのはそうした従業員の活躍によって生まれる価値を顧客に届ける、マルチサイド・プラットフォームと捉えることができます。

マルチサイド・プラットフォームとは、複数の異なる立場の顧客を出会わせることによって価値を生み出すビジネスモデルのことです。企業というのは、従業員と顧客を出会わせて価値を生み出すプラットフォームなのです。会社のことをよく社会の公器と表現したりしますが、単に顧客との商取引にとどまらず、そこで働く人も含めた、社会的な機関でもあるのです。

　続いて、このマルチサイド・プラットフォームについて、Appleの事例を用いて学んでいきたいと思います。

第4講｜エコシステムに基づく第三世代のビジネスモデル

Appleのビジネスモデル・トランスフォーメーション

事前予習設問

1｜Appleの iPhone におけるビジネスモデルは、App Store開設以前と以後でどのように変化したか。ふたつのビジネスモデル・キャンバスを描き、違いを指摘しなさい。

イノベーションの守破離モデル

小山｜ここでイノベーションのプロセスについて考えて見たいと思います。クリティカル・コアの議論でもあったように、新しいビジネスモデルを生み出すためには、業界の常識的なビジネスモデルに、部分的には非合理な要素を組み込むことが必要です。その後、部分非合理な要素を、全体として合理的に組み替えていくことになります。私はこのプロセスを、イノベーションの守破離として整理しています[15]。

図表32 ｜ **イノベーションの守破離モデル**

構造化	想定外の要素の投げ入れ	再構造化
サイエンス	アート	デザイン
守	破	離

オペレーション	イノベーション

　まずは「守」の「構造化」です。各業界、こんなふうに経営すると事業が成り立つという標準的なビジネスモデルがあります。これは、伝統

15　早稲田大学の井上達彦教授は、模倣を通じた創造という文脈で守破離モデリングという概念を提示しています。他社をお手本として真似ていくときに起こる自社における矛盾をより高い次元で解消することで、新しい事業を創造するプロセスとして捉えています。（井上達彦『模倣の経営学』日経ビジネス人文庫、2015年、pp. 188-190）。それに対しここでの守破離モデルでは、模倣する事業の背景にある構造を生成変化させるという点を強調したものになります。

芸能の言葉でいえば「型」のようなものです。まずはこの型を学ぶ必要があります。しかし、それだけでは競争優位を築くことはできません。

そうならないようにするためにはどうするか。型を破る必要があります。これが「破」のプロセス、「想定外の要素の投げ入れ」です。構造の外にある、構造を壊すような要素を投げ入れるわけです。さきほどからの言葉でいえば、「部分非合理」です。キーエンスでいえば、低価格なのに直販営業する、といったものです。

この部分非合理は、そのままだと非合理なものとして構造を壊してしまいます。構造が壊れないよう、構造を作り直す必要があります。それが「離」の「再構造化」です。キーエンスでいえば、コンサルティング営業をして顧客企業の現場に入っていくことで顧客の問題を把握し、他社にない製品を企画できる。その結果、高収益をあげられるといったものです。ここで、今までにない新しい構造が誕生します。ここでの「離」とは、既存の事業の構造から離れて、新しい構造が生まれる、という意味です。

思考のスタイルでいうと、「守」はサイエンス型の思考です。サイエンスは、再現性を重視します。科学的に検証されたということになれば、その事象は東京で実験しても、ニューヨークで実験しても、再現されなければならない。これがサイエンスです。これは「型」という意味でも同様です。伝統芸能の稽古は、型を学ぶことである程度のレベルまで到達できる再現性に特徴があります。

これは、いわゆる「PDCAを回す」という、できあがった型をさらに精緻化していくプロセスでもあります。構造をどんどん精緻化していくということですね。伝統芸能の型も、長い時間をかけて緻密に作り上げられてきました。日本企業はこれを得意としていました。

一方、「破」はアート思考です。今までにないような、周囲があっと驚くようなものを作ることで、新しい概念が生まれる。これが「アート」です。物事の見方を変える、いわゆる「リフレーミング」などと呼ばれるアプローチです。半分水の入ったコップを、「半分飲んでしまった」と見るのか、「半分残っている」と見るのかで、意味合いは変わります。

たとえば絵画における印象派は、ゲーテなどによる色彩学を取り入れて、原色を点描することによって多様な色彩を表現しました。それは、当時の画壇からの大きな反発を呼びましたが、結果として絵画表現を大きく広げることに寄与しました。デザインが最適解であったのに対して、アートは常識の転覆、リフレーミングを狙うことになります。

さらに、「離」は、そうしたアートによる新しい見方を現実に着地させる「デザイン思考」です。たとえば、芸術の分野で新しい抽象絵画が流行ったとします。10年、20年経つとどうなるかと言えば、その抽象絵画のモチーフが服になったりインテリアになったりして、みなが楽しめるようになります。これはデザイナーの仕事です。そのときには、賛否両論だった抽象絵画も、社会の中でちゃんと受容されていきます。

デザイン思考という言葉を最初に書名に使った、その名も『Design Thinking（邦題『デザインの思考過程』）』という本を著したピーター・ロウは、都市計画や建築分野のデザイナーの思考プロセスを丁寧に追って、その特徴を指摘しています。デザイナーは、アイデアをスケッチしながら、同時にいろいろな人の意見に耳を傾け、アイデアを練り上げていきます。作りながら考え、また考えながら作っていく試行錯誤のプロセスの中で、最適解を探っていきます。現実の着地点を根気よく探っていく様子が描かれています[16]。

イノベーションを起こすためには、この一連のプロセスが必要になります。まずは業界の標準的なビジネスモデルを構造として把握する「守」、そこに想定外の要素を投げ入れる「破」、そしてそれを再度、構造として組み直す「離」。そのステップを意識して本講義に臨んでいただければと思います。

取り上げるケースは、Appleです。優れたデザインによる価値を提案し

16 ロウはデザイン思考を、最適解に向けて、試行錯誤を通じて漸進的に問題解決していくプロセスとして記述します。「デザイン特有の限界ある推理的能力のもとで、創造的な問題解決をしようとするものである。ここで、限界ある推理的能力とは、人間の問題に関する解答者が、直ぐに、その問題に可能な解答を与えることはめったになく、その問題の条件に、その時必要と思われる解答を与えるという選択を、とりあえず行っておくという概念である。」（ピーター・G・ロウ著、奥山健二訳『デザインの思考過程』鹿島出版会、1990年、p. 49）。

ている会社であり、同時に、今までにない新しいデバイスを開発するアートを実践する会社でもあります。そのAppleのビジネスモデルの転換を見ていきましょう。

App StoreがAppleにもたらした
新たな価値

　スティーブ・ジョブズが自説を撤回したことに、説得にあたっていたアーサー・レビンソンはほっと胸をなでおろした。App Store（アップストア）を通じてサードパーティのアプリが販売されることになり、iPhoneの機能が大きく拡張される見通しがたったのだ。

　2007年に発売したiPhoneは、当初Appleの純正アプリケーションしか使えない仕様であり、それは最高の顧客体験を提供しようというジョブズのこだわりでもあった。そこにできの悪いサードパーティのアプリが提供されるなど、ジョブズの美学が許さなかった。

　ハードウェアからソフトウェアまで一気通貫でデザインするAppleだからこそ実現できる使い心地へのこだわり。それは、WindowsというOS（オペレーティング・システム、コンピュータの管理やユーザーインターフェースを司る基本ソフトウェア）のみを提供し、各社にハードウェアを作らせたMicrosoftの戦略と異なるものだった。ジョブズは1997年に暫定CEOへと復帰後すぐ、パイオニアやモトローラなどが製造していたMacintosh互換機に対して、OSのライセンス供与をやめた。

　このように純正アプリケーションにこだわるジョブズに対し、他の経営陣の見立ては違った。Appleの純正アプリにこだわっていては、サービスの広がりに限界がくると感じていた。Googleも同じようなスマートフォンの開発を進めており、そうした競合との差別化を図るためにも、サードパーティの巻き込みは欠かせないと考えていた。

　そうした判断のベースとなったのは、2003年に立ち上がったiTunes

Music Store （のちにiTunes Storeと改名）の成功だ。音楽を提供するサード
パーティの参加により、iTunes Storeは大きなシェアを獲得、iTunesと連
携するiPodもそのシェアを維持することができた。

　ユーザーの使い勝手を支えるOSについては自社製にこだわりつつも、コ
ンテンツやアプリケーションについては、サードパーティの参画が欠かせな
い。2008年7月にiPhoneアプリ用のApp Storeが開設されると、iPhone
の提供する顧客価値は高まり、iPhoneのさらなる躍進が始まった。App
Storeが価値創出のあらたな源泉となり、Appleのビジネスモデルが大きく
転換していくのを、レビンソンは予感していた。

参考文献
ブレント・シュレンダー、リック・テッツェリ著、井口耕二訳『スティーブ・ジョブズ　無謀な男が新のリー
ダーになるまで（下）』日本経済新聞出版、2016年、pp. 225-230

マルチサイド・プラットフォーム
——Appleのビジネスモデルの転換

小山｜今回取り上げるAppleのビジネスモデルは、複数の顧客に対応するマルチサイド・プラットフォームが特徴になっています。こうしたマルチサイド・プラットフォームには、たとえば検索する人と広告主を結びつけるGoogleのビジネスモデルなどがあります。立場の異なる顧客を、プラットフォーム上で出会わせることによって価値を生み出すビジネスモデルということです。前回取り扱ったブックオフも、本を売る人と買う人の両方を顧客とするマルチサイド・プラットフォームでしたね。

　まず、App Store開設以前のビジネスモデルを見ていきましょう（図表33）。ユーザーにiPhoneを量販店などを通じて販売する、いわゆるメーカー然としたビジネスモデルですね。Appleらしい使いやすさはあるものの、このままではAndroidにキャッチアップされてしまうでしょう。

図表33 ｜ **App Store開設以前のAppleのビジネスモデル**

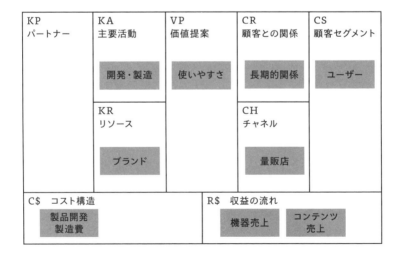

小山｜ここにApp Storeが加わった場合、どのようにビジネスモデルが変わるでしょうか。

A｜まず、顧客セグメントはiPhoneユーザーに加えて、アプリ開発の会社になります。

小山｜そうですね。マルチサイド・プラットフォームになります。では、それぞれの価値提案はいかがでしょうか。

A｜ユーザーにとっては、たくさんのアプリが使える利便性。アプリ開発会社にとっては、多くのユーザーにアクセスできる点です。継続利用、反復利用することにより、顧客との関係は長期的になります。これは、アプリ開発会社に関しても同様です。チャネルは、App Store。主要活動には、プラットフォーム管理が加わり、コストにもシステム管理費がかかってきます（図表34）。

図表34｜**App Store開設以後のAppleのビジネスモデル**

KP パートナー	KA 主要活動	VP 価値提案	CR 顧客との関係	CS 顧客セグメント
	開発・製造	使いやすさ	長期的関係	ユーザー
	プラットフォーム管理			
	KR リソース		CH チャネル	
	ブランド	販売機会	量販店	アプリ開発会社
	厚いユーザー層		App Store	

C$ コスト構造		R$ 収益の流れ	
製品開発製造費	システム管理費	機器売上	コンテンツ売上

小山｜ありがとうございます。このように、Appleはユーザーとアプリ開発会社をつなげています。ユーザーは、使いやすさなどを理由にiPhoneなどの製

品を選んでいて、一方のコンテンツ会社は、たくさんのユーザーにアクセスできることでAppleを選んでいます。コンテンツが豊富だから、ユーザーは継続的にiPhoneを使用しますし、アプリ開発会社もそのようにしてつながったユーザーがいますので、Appleのプラットフォームを使い続けるわけです。

　マルチサイド・プラットフォームには、こうした相互関係があります。これをネットワーク効果（ネットワークの外部性）と呼びます。システム自体は変わっていないのに、ユーザーが多くなればなるほど、アプリ開発会社にとって魅力的になり、逆にコンテンツがたくさん提供されることで、ユーザーにとってもiPhoneの魅力が増していく。

　こういうつながりを考えたとき、アプリ開発会社が意識的にどのような活動をすることで、ユーザーにどのようなメリットが生まれているのでしょうか。

B｜App Storeでアプリを提供することで、ユーザーは料金の支払いを一元的にできるので、アプリを使う心理的ハードルが下がります。アプリ会社にとってはユーザーを獲得しやすい。

小山｜そうですね。App StoreはAndroidに比べて、クレジットカードを登録しているアカウントが非常に多いんですよね。この事例では2008年に限定していますので、アプリということにしていますが、それ以前の音楽サービスでも同様にワンストップで購入する仕組みを導入していたからこそ、アプリの購入もスムーズに導入できました。ほかにどうでしょうか。

C｜アプリ会社がiPhone向けのアプリを開発することで、ユーザーのスイッチングコストを上げることにつながります。なぜかといいますと、iPhoneのアプリとAndroidのアプリはプログラム言語が異なるんです。だから、iPhoneのアプリは容易にAndroidに変換できない。すると、iPhoneでしか使えないアプリが蓄積されていくんです。そうしたiPhone専用アプリをユーザーが使い続けることによって、Androidに移る動機が減る。いわゆる囲い込みができるわけです。

小山｜iPhoneのアプリを開発するのに、AppleからSwiftという言語が提供されています。この言語の特徴は、開発のしやすさにあるといわれています。2017年6月、若宮正子さんという80代の女性が、米Appleが開催する世界開発者会議「WWDC 2017」で世界最高齢の女性開発者として特別招待されたことが話題になりましたよね[17]。個人でも、ある程度勉強すれ

ば開発できる。開発がしやすいからアプリが増える。これも、重要な要素です。こうしてセレクションが多くなると、iPhoneユーザーにとっては、Androidにわざわざ移る必要がなくなります。ここにも、ネットワークの外部性による好循環が生まれていますね。他はどうでしょうか。

D｜アプリの更新が頻繁なので、品質が高いと感じる。具体的には、使い勝手がよくなる。

小山｜なるほど。これに加えて、セキュリティの強化という点もありますよね。App Storeは、アプリ審査の基準が非常に厳しいんです。App Storeで提供しているアプリしかインストールできない仕様になっていますので、セキュリティホールのあるようなアプリが提供される確率は低いといえます。こうしてプラットフォーム管理をしっかり行うことで、ユーザーが安心できるという価値を生み出している。

　このように、Appleはビジネスモデルを大きく転換したといえます。従来はハード製品を開発・販売するというビジネスモデルでしたが、今では音楽やアプリのプラットフォームを作り、使いやすくて安全性の高いアプリを提供することでユーザー数や利用料を伸ばすといったビジネスモデルに変わりつつある。もはやハードの会社ではなく、サービスの会社に生まれ変わろうとしているのです。

17　Apple「Apple – WWDC 2017 Keynote」、https://youtu.be/oaqHdULqet0?t=351、
　　2017年6月9日（最終閲覧日2020年5月10日）

ビジネスエコシステムの確立

こうしたビジネスモデルの展開を、社会システム論の議論を踏まえて整理すると図表35のようになります。

これは「知識創造」という文脈で整理されたものですが、そのままビジネスモデルによる価値創造の話としても使うことができます。システムのもっともシンプルな組織のモデルとして、1970〜80年代の「古典的熱力学的モデル」というものがあります。基本的に、外的環境変化に対応してキャッチアップしていくというモデルです。イメージしやすいのは、エアコンのサーモスタットですね。外気が暑くなってきたら冷やし、冷えすぎたら止めるというように、外的環境に合わせてオンとオフを切り替えながら外的環境変化対応します。

こういった古典的熱力学的モデルは、1970〜80年代に見られる経営モデルでした。一番わかりやすい事例がオイルショックですね。ガソリン代が上がると、日本の自動車メーカーは燃費のいい小型車を北米に輸出しました。外的変化に対応するために学習してキャッチアップするモデルです。

ところが90年代に入ると少々事情が変わります。ここでは富士フイルムを例に取りましょう。1990年代半ばにデジカメが登場しました。当時は、CASIOのQV-10、25万画素といった非常に画質の低い製品でした。ところが、これが急激に改善されてゆき、2002年には富士フイルムの社内では「もう写真フィルム事業の先行きはない」ということが予見できていました[18]。もはやフィルムの性能をあげても、価格を下げても、デジタルカメラに勝つことはできません。キャッチアップではなく、組織そのものを変えていく必要があります。富士フイルムは、写真フィルム技術を横展開し、液晶テレビのフィルム、それからスマートフォン用フィルム、さらには化粧品や医

---

18 徳力基彦「売上の6割を占める主力事業を5年で失った富士フイルムが、破綻しなかった秘訣」https://note.com/tokuriki/n/n9fd1258138c9、2018年11月23日（最終閲覧日2020年5月10日）

19 野中郁次郎、紺野登『知識創造経営のプリンシプル　賢慮資本主義の実践論』東洋経済新報社、2012年、p.313

療品などに応用していきました。

図表35 | **社会システムの変化と知識創造**[19]

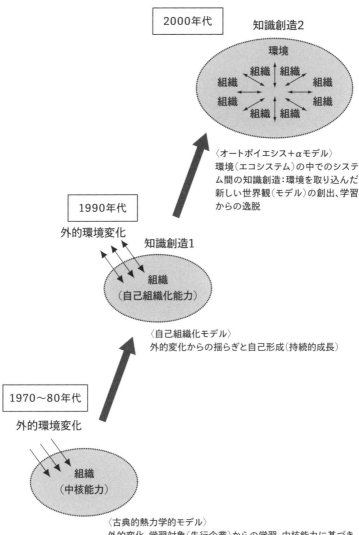

2000年代　知識創造2

環境

組織　組織

組織　　　　組織

組織　　　　組織

組織　組織

〈オートポイエシス+αモデル〉
環境(エコシステム)の中でのシステム間の知識創造:環境を取り込んだ新しい世界観(モデル)の創出、学習からの逸脱

1990年代

外的環境変化

知識創造1

組織
(自己組織化能力)

〈自己組織化モデル〉
外的変化からの揺らぎと自己形成(持続的成長)

1970〜80年代

外的環境変化

組織
(中核能力)

〈古典的熱力学的モデル〉
外的変化、学習対象(先行企業)からの学習、中核能力に基づきそれを強化する組織学習(キャッチアップ)

このように外的環境変化を受けて組織自体も変えてゆくという経営モデルを「自己組織化モデル」と呼びます。環境に合わせて自分たちが進化し、自己形成していきます。富士フイルムに対してコダックは、残念ながら新しい組織へと自己組織化することはできませんでした。

2000年代に入ると、「オートポイエシス+αモデル」というものが出てきました。オートポイエシスという言葉はすこし難しいんですが、オート（自己）をポイエシス（創出）するという第三世代のシステムで、もともと生物学の概念だったものが社会学などに展開されたものです。それまでのシステムが、外部と内部にわけて環境を捉えていたのに対して、ここではそうした境界があいまいです。Appleの例でいえば、自社という内部だけで閉じるのではなく、さまざまな他の組織、音楽会社、映画会社、テレビ局、コンテンツプロバイダそしてアプリ開発会社といった他社とパートナーになって価値を一緒に作り出していくモデルです。

このとき、それまでは外的環境と呼ばれていたものが、内外の区別をつけない「エコシステム」と呼ばれるようになりました。自分自身も環境の一部として、環境を形作っているわけですね。最近の経営者は、エコシステムという言葉をよく使っています。自前主義で自社だけで価値を作り出すような時代ではないよね、という問題意識になってきたということです。オープンイノベーションなども、こうしたオートポイエシス+αモデルに位置づけられます。

一例を挙げてみましょう。Amazon Echoというスマートスピーカーがありますよね。みなさんの中で、スマートスピーカーを使っている方はどれくらいいますか。少ないですね。みなさん、もうちょっと新しいツールを使いましょう（笑）。アメリカでは2018年に世帯普及率4割を超えました[20]。このAmazon Echoの中に「スキル」という専用アプリをインストールする機能があるんですが、たとえばピカチュウのスキルを入れると、ピカチュウがしゃ

20 「アメリカでスマートスピーカーは2018年に臨界質量に達した（世帯普及率41%）」https://jp.techcrunch.com/2018/12/29/2018-12-28-smart-speakers-hit-critical-mass-in-2018/、TechCrunch Japan、2018年12月29日（最終閲覧日2020年5月8日）

べってくれるんです。子どもは大喜びします。

　ここで、ある数字をご紹介します。あえて古いデータを持ってきたのですが、発売直後の2016年末、スキルは1000個くらいしかありませんでした。スキルというのは、スマートスピーカー用のアプリですね。それが、たった数カ月後の2017年2月には8000個を超えたのです[21]。

　ちょうどアメリカで開催される世界最大級のエレクトロニクスショー「CES」が行われた時期でした。そのタイミングに合わせて、多くの会社がAmazonの音声AIである「Alexa」と連携すべく、さまざまなスキルを開発したのです。たとえば、LGの冷蔵庫は、「Alexa、牛乳買っておいて」と冷蔵庫に話しかけると、2時間以内に自宅まで届けてくれる。そんな機能を実装します。

　もし、Amazonがスキルを自前で作るとしたら、どうなるでしょう。とてもじゃありませんがそんな短期間で8000個も開発することはできません。そこで、音声AIのシステムを自由に使える開発環境を無償提供することで、スキルを揃えたのです。こうして無数のスキルが各社によって開発されました。その幅広い連携もあってAmazon Echoは現在、スマートスピーカーの中でトップシェアとなっています。

　これまで、自社の中で構築するビジネスモデルの話をしました。しかし、ここ最近は、より大きなストーリーを描くために、さまざまなパートナーと一緒に共創するエコシステムを構築するという発想が求められています。われわれは無意識のうちに、デバイス選択ではなくてプラットフォーム選択をしているからです。

　たとえばGoogleは、Androidを無料で提供し、そのコンテンツの広告で収益を得るというモデルです。AmazonもKindleというデバイスを安く提供しつつ、コンテンツで儲けるという仕組みを構築しました。これらを見る限り、どこも製品単体で勝負していませんよね。製品に付随するコンテンツやサービスをセットにして競争しています。

21　宮田拓哉「家電も小売も飲み込むAmazon Alexaの「真の狙い」　Amazon Echo年内上陸へ、対応不可避の日本企業」WEDGE Infiniity、https://wedge.ismedia.jp/articles/-/8978、2017年2月28日、（最終閲覧日2020年5月8日）

次の第5講では、こうしたエコシステム構築の最前線のひとつである、モビリティサービスについて議論していこうと思います。

第5講｜未来を創出するための シナリオ・ プランニング

トヨタが直面する 未来のモビリティ・シナリオ

事前予習設問

1｜トヨタ自動車のビジネスモデルは、
今後どのように変わっていくだろうか。
将来のありうるビジネスモデルを構想して描き、
現状との違いを指摘しなさい。

2｜自動車業界の未来について、どのような
シナリオが考えられるだろうか。
シナリオ・プランニングの方法を使って、
4つのシナリオを記述し、それぞれの
ビジネスモデルを描きなさい。

INTRODUCTION

ビジネスモデルを組み替える
ダイナミック・ケイパビリティ

小山｜さきほどみなさんと議論してきたAppleのケースは、次に考えていただくトヨタのケースにつながる導入です。トヨタは今、プラットフォーマーになろうとしています。これからどのようなビジネスモデルへと変貌していくのか、ちょうどその岐路に立っているタイミングです。まだ誰もその答えを持っていません。

　みなさんの業界でもそういう状況に置かれている会社は少なくないと思います。AIやビッグデータ、IoTなどさまざまな技術的な進化が、多くの業界での進化圧となって働いているのです。デジタルトランスフォーメーションと呼ばれたりもしますが、その流れに乗れるかどうかが、企業の生き残りの条件になってきています。こんな状況において、どんなふうに未来のビジネスモデルを構想したらいいか。そのプロセスを体験してみたいと思います。

　その際、これまでの議論とは異なる点があります。これまで、ビジネスモデルの内部、すなわち、企業側で制御可能な要素について議論してきました。

　しかし、技術の進展や法改正、ニーズの変化、競合の参入、マクロ経済の変化など、企業を取り巻く環境にどんどん変化します。ビジネスモデル構築をマスターするためには、こうした外的環境変化への対応を考えていかなければならないということです。今回は、そういった変化に対応するための「シナリオ・プランニング」という手法を学びます。シナリオ・プランニングの歴史的な経緯をご存じの方はいらっしゃいますか。

A｜石油会社のシェルが、石油危機を予測して対策したのが発祥だと聞いたことがあります。

小山｜そうですね。石油業とは装置産業です。掘削から精製まで機械を使いますから、莫大な設備投資が必要になります。かつては石油の供給量が

上昇し続けていて、誰もがこのまま上がり続けて行くと予想していました。石油各社は、設備が限界に達する前に巨額の投資をして設備を増強することを繰り返していたんです。ところが、石油の支配権がこれまでの先進国から石油産油国へと移り、第四次中東戦争を契機に産油国は石油生産量を減らし、価格を大幅に引き上げる決定をしました。各社は設備過剰になり、一気に業績は悪化に転じたのです[22]。

このとき、シェルはシナリオ・プランニングを使って戦略を立てました。石油の供給量が激減する未来があり得るので、それに備えるためにどうすればいいのかを考えていた。その結果、同社は設備投資を抑えて業績へのダメージを免れたわけです。ビジネスモデルも同様です。さまざまな外的環境変化に対応できるよう、思いもかけない未来を想定しておかなければならないということです。

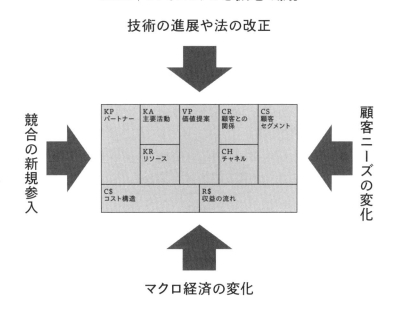

図表36 | **ビジネスモデルを取り巻く環境**

22 西村行功「解説 シナリオ・プランニング」、Journal of Life Cycle Assessment, Japan Vol.10 No.3 July 2014、https://www.jstage.jst.go.jp/article/lca/10/3/10_230/_pdf, pp. 230-231 (最終閲覧日2020年5月10日)

こうした外部環境の変化に対応する能力を、最近は「ダイナミック・ケイパビリティ」と呼んでいます。ダイナミック・ケイパビリティとは「動態的組織能力」と訳されていて、つまりはビジネスモデルの要素を再編する能力のことです。ビジネスモデルを状況変化に合わせて、内部資源を組み替えて、戦略的競争優位を作りだしていく能力です。これまで、経営戦略の流れのケイパビリティ派というものがあると説明しました。内部資源（ケイパビリティ）によって収益性が変わるという考え方です。ダイナミックケイパビリティはこの上位概念であり、ケイパビリティをアレンジする能力です。

　ダイナミック・ケイパビリティは、大まかに3つの能力に分類されます。ひとつ目は「感知（Sensing）」。どんなことが起こりそうなのかを感じ取る能力。ふたつ目は「捕捉（Seizing）」。感じ取った変化を捕捉する能力。3つ目は「変革（Trans-forming）」。変化を捕捉したうえで、自社のビジネスモデルを変えていく能力です。シナリオ・プランニングはまさに、石油危機に際してシェルが行ったように、環境変化を感知し、それを機会として捕捉し、ビジネスモデルを変革していく手法です[23]。

図表37 ｜ **3つのダイナミック・ケイパビリティ**

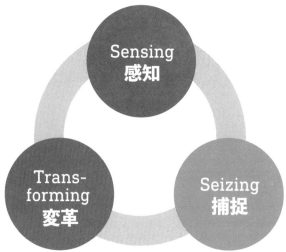

ここでみなさんに質問です。たとえば、みなさんが自分の会社でシナリオ・プランニングをやるとしたら、その理由をどのように説明しますか。シナリオ・プランニングをやる理由について、思いつく意見を発表してください。

B｜昨今、外部環境が大きく変わってきていますので、それに対応すべきだということ。より長期的な視点を持たなければならないと説明します。

小山｜あらゆる業界で外部環境が変わってきていますよね。その対応を付け焼き刃のようにやるのではなくて、長期的な戦略を練るためだと。ほかにどうでしょうか。

C｜最悪のケースを考えて、実際に起こりうる範囲を確認する。

小山｜起こりうる範囲がわかれば対処もできますね。対処できれば、そうした外的環境変化は許容範囲になりますね。ほかに意見はありますか。

D｜実際に変化が起こったとき、ある程度動きやすくするための事前準備をするという目的もあると思います。

小山｜インパクトに備えるということですね。私がシナリオ・プランニングを使うときは、主に経営陣に危機感がないときなんです。過去の経験、特に成功体験に囚われてしまって、変化を正確に捉えられないとき、あるいは経営陣のみならず現場などに危機感がないとき、この手法を使うと効果的です。みなさんの中で、「危機感がない」と感じたことはありますか。

E｜ある公立病院での話なのですが、赤字になると行政が補填してくれるんです。ただ、田舎なので少子高齢化が進んでおり、将来、行政自体が転覆する可能性もゼロではありません。そうなったら、その病院もなくなってしまうのではないかと私は思っているのですが、なかなか議論が進みません。

小山｜社会保障制度に頼れなくなってくるのは時間の問題とも言われていますからね。そういった点で危機感がないといえますが、説得もしづらいのが実状ですよね。ほかはどうでしょうか。

F｜私の会社はゼネコンなんですが、すでに経営危機を何度か経験しています。にもかかわらず……。

23　D.J.ティース著、菊澤研宗、橋本倫明、姜理恵訳『ダイナミック・ケイパビリティの企業理論』中央経済社、2019年、pp. 56-57

小山 ｜ 懲りないっていうことですね。

F ｜ そうです。社内では「まだ資金に余裕がある」と思っている人がたくさんいて、危機感がまったくない状況です。また同じことが繰り返されるのではないかと思っています。

小山 ｜ なるほど、ありがとうございました。このシナリオ・プランニングは、未来予測をするのが主旨ではありません。この点には注意してくださいね。「80%の確率でこういうことが起こる」という予測をするのではなく、むしろ、不測の事態に備えるための手法なのです。

　事業が順調なときはよいのですが、予期せぬトラブルが発生したときは早急に対策を講じなければなりません。それは何かが起こってから対応するのではなく、事前に備えておくことが必要です。ただし、具体的にどのようなことが起こるのかわかりません。ここでシナリオ・プランニングが本領を発揮します。

　みなさんに指摘していただいたように、企業の中で想定外の変化に対する危機感は薄いことが多い。つい、今まで通りの日常が続いていくように思ってしまう。これは実は人間の習性で、正常性バイアスと呼びます。東日本大震災のときなども、前日の津波警報でそれほど大きな津波が来なかったこともあって避難が遅れたという指摘もありました。経営においても、大きな変化が訪れようとしているのに、それに気づかない、もしくは都合よく無視してしまうようなことが起こります。そうしたことを避けるのが、このシナリオ・プランニングです。これが第一の目的です。さきほどご紹介したシェルの事例も、ここに当てはまります。

　そして近年、シナリオ・プランニングの新しい役割が指摘されています。そうした不測の事態において、新しいビジネスモデルの可能性を探索し、新しい未来を出現させていくという役割です[24]。

24　紺野登、野中郁次郎『構想力の方法論』日経BP、2018年、p. 230

図表38 | シナリオ・プランニングの目的

> 不測の事態へ備える
> ↓
> 新しい未来を出現させる

　具体的なプロセスは以下のとおりです[25]。ケースを使ってこの流れを体験してみましょう。

　今回のシナリオ・プランニングのワークショップでは、不確定な未来に関する4つのシナリオを想定したうえで、それぞれのシナリオに対応するビジネスモデル仮説を作成します。そのビジネスモデルは、もちろん不測の事態に対応するものですが、一方でそれに備える新しいビジネスモデル構築という取り組み自体は、受動的ではなく主体的なものです。新しい未来を出現させるための主体的な取り組みを導き出す手法として、シナリオ・プランニングを捉えてみたいと思います。

ワーク1 │ 現在迫られている決断を特定する
ワーク2 │ 決断に影響を与えるキーファクターを探る
ワーク3 │ キーファクターに影響を与えるドライビングフォースを探る
ワーク4 │ 2軸を定め、4つのシナリオを描く
ワーク5 │ ストーリーの起承転結をつくる

25　2013年12月21日に京都高度技術研究所で行われた高内章氏のシナリオプランニング・ワークショップ、ウッディー・ウェイド著、野村恭彦監訳、関美和訳『シナリオ・プランニング―未来を描き、創造する』(英治出版、2013年)、ピーター・シュワルツ著、垰本一雄、池田啓宏訳『シナリオ・プランニングの技法』(東洋経済新報社、2000年)、キース・ヴァン・デル・ハイデン著、株式会社グロービス監訳、西村行功訳『シナリオ・プランニング』(ダイヤモンド社、1998年)等を参考に、著者独自のプロセスを組み込んだものです。

トヨタ自動車のビジネスモデルはどうなるのか

　トヨタ自動車がe-Palette構想を打ち出したのは、2018年1月のことだった。家電見本市であるCESに出展したトヨタ自動車は、それまで外部にまったく知らされていなかったe-Palette Conceptのコンセプトムービーを公開した。この映像の中では、e-Paletteと呼ばれるハコ型の自動運転の電気自動車が店舗になったりオフィスになったりする、なんとも不思議な世界が描かれていた。

　翌2019年には、実際に動くプロトタイプが完成し、本来であれば2020年の東京オリンピック・パラリンピックで、会場間の移動のための20人乗りの自動運転車としてお目見えする予定であった。

　さらに2020年1月には、「ウーヴン・シティ」の建設計画を発表した。そこではいよいよ、e-Paletteが本来の多目的自動車として運行される未来像が示されていた。自動車を所有するのではなく、サービスとして利用するMaaS（モビリティ・アズ・ア・サービス）やスマートホーム、AIなどを取り込んだ新しい実証都市構想である。

　こうした構想のインフラとして、モビリティサービス・プラットフォームの構築が進められていた。DCM（Data Communication Module）と呼ばれる専用通信機を自動車に設置し、そこからのデータをビッグデータとして格納する。そのデータを各種サービス会社が活用するというものである。今後のトヨタ自動車は、こうしたインフラを提供するプラットフォーマーとしての立場を狙っていた。

　このように従来の自動車メーカーとしての役割から、まったく異なる新しい役割を果たす企業へと大きく変貌しつつあった。トヨタ自動車はこのまま、

自動車を製造・販売し続けるメーカーとしてのビジネスモデルを維持し続けるべきなのかどうか。それとも各種モビリティサービスへのプラットフォーム事業者として大きくビジネスモデルを転換すべきなのだろうか。

ワーク1 | 現在迫られている決断を特定する

小山 | まず、起点は自社です。自社が現在抱えている課題を明確にし、「未来に向けて、自社は今、どんな決断をすべきか」を考えることが出発点になります。シェルでいえば、そのまま設備投資を進めるべきかどうかという決断に迫られていました。

> 自社が自身の〈未来〉に向けて
> 〈今〉どんな決断をすべきか

　トヨタ自動車のケースを使いながら説明していきます。現在ケースにもあるように、自動車を売るだけではなくなってきています。そういった状況の中、トヨタとしては、決断しなければならないことがたくさんあるはずです。ここで決断を間違えると、経営悪化の恐れがある。決断をするときは、さまざまな未来の想定をしなければなりません。

　では、みなさんにお聞きしたいと思います。今、トヨタがYESかNOかで決断しなければならないことがあるとすれば、どんな決断でしょうか。特に賛否両論が分かれるような決断とはなんでしょうか。

W | このまま、将来に渡って自動車を製造・販売し続けるかどうか。

小山 | これはすごい決断になりますね。これまで培ってきたサプライチェーンを破壊する判断です。

G | 自動車そのものよりもモビリティサービスに、より積極的に投資していくかどうか、という決断です。

小山 | そうですね。これも大きな決断です。

H | 自動車のエネルギー源についてです。今は水素燃料の方針ですが、その他の新しいエネルギーの可能性を模索するかどうか。

小山 | 電気自動車にするのか、水素燃料エンジンにするのか。まさにそういう決断を迫られています。ほかにどうでしょうか。

I｜自動車以外のものを開発するかどうか。たとえば、ロボットを開発する可能性もあるかもしれません。

小山｜なるほど。モビリティ以外にも展開するという決断ですね。どんどん出していきましょう。

J｜主要マーケットを、従来は先進国でしたが、新興国に移していくべきか。

小山｜自動車販売の延命という点では、新興国はまだインフラの関係で、販売が主になるかもしれません。ほかにはどうでしょうか。

K｜自前でやるか、パートナーと組むか。

小山｜具体的には、いわゆるGAFA（Google、Apple、Facebook、Amazon）やBATH（百度、アリババ、テンセント、ファーウェイ）と呼ばれるIT企業との連携の決断に迫られている可能性は高いですよね。ありがとうございました。

　このように、シナリオ・プランニングをするときには、今迫られているであろう決断をまず、特定します。本来はこれだけでも長い時間をかけてやるのですが、今日は一旦ここで止めておきましょう。

ワーク2｜決断に影響を与えるキーファクターを探る

　こうした決断をするときに、人は無意識のうちにある特定のマインドセットでもって判断してしまいます。シェルの例でいえば、「このまま石油産出量は増え続けるだろう」というマインドセットです。こうした過去の常識が、不測の事態が起こったときの判断を狂わせてしまいます。

　シナリオ・プランニングの目的は、こうした現状のマインドセットを客観的に検討し、外的環境や未来の可能性を考慮したうえでマインドセットを進化、アップデートさせることです。

　このマインドセットをアップデートするためのプロセスを、さきほどの3つのダイナミック・ケイパビリティに合わせて整理すると図表39のようになります。

Sensing
感知 | 現在の決断に影響を与えるキーファクター、
ドライビングフォースを抽出する

Seizing
捕捉 | 不確実でインパクトの大きなシナリオドライバー
を2軸、選択する

Trans-
forming
変革 | シナリオドライバーによって生まれる4つの
シナリオに対して、ビジネスモデルを進化させる

　まず、今の決断に影響を与える「キーファクター」を探っていきます。このキーファクターについて具体的に説明しましょう。トヨタの場合、もっとも賛否両論が分かれるのは製造の扱いだと思います。今まで徹底的に改善を重ね、高度な製造ノウハウを構築してきました。こういった製造の強みを手放すかどうかという決断は、非常に賛否が分かれるはずです。

　そこで、もしみなさんがタイムマシンを持っていて、未来の状況を見通せるとしたら、何を知りたいでしょうか。その点を知っていれば、この決断が迷いなくできるという要素があるはずです。そういう要素をキーファクターと呼びます。

　たとえば、環境問題による大気汚染の状況がわかれば、再生エネルギーの普及についての確証が得られて、決断がしやすくなる。大気汚染がひどくなるとわかっていれば再生エネルギーに舵を切りますし、そうでなければ現状の化石燃料の使用を維持していくという決断になります。そんな、意思決定に直結する情報です。

さて、「未来のこんなことがわかったらいいな」というものを挙げられる方はいませんか。

Ｌ｜人口がどこに集中しているか。これによって、自動車を使わない社会、所有しない社会になっているかどうかがわかる。

小山｜そうですね。都市部での人口集中がさらに進むのか。あるいは地方分散するのか。実際に京都大学と日立が共同で未来シナリオをシミュレーションしたんですが、現在は人口集中と地方分散、どちらの可能性も十分にあるのだそうです[26]。もし地方分散が進む未来だったら、各人に自動車が必要になりますよね。人口集中が進めば、所有しなくてもいいかもしれない。自動車を持っていなくても、鉄道やバスなどで代替できるようになるかもしれない。さらには自動運転のバスが走るようになって頻繁に運行していたら、自家用車が要らなくなるかもしれない。

　キーファクターは、何か基準点があって、それよりも上がるのか下がるのか、増えるのか減るのか、判定できる定量的なものにしてください。たとえば、「高級車が求められるかどうか」というキーファクターが挙げられたとします。これだと少し曖昧ですから、「自動車の平均購入金額が300万円を超えているかどうか」というふうに、判定基準となる数字をセットにします。これであれば、白か黒か判定できます。

　では、ほかのキーファクターはありますか。

Ｍ｜製造技術がコモディティ化して、誰でも車をつくことができるような状態になっているか、なっていないか。

小山｜これは、具体的には、内燃機関に比べて製造がしやすいと言われている電気自動車にシフトするということですか。

Ｍ｜電気自動車に限らず、です。製造技術が全体的に発達して、トヨタの優位性がなくなるほど、すべてのメーカーが高いクオリティの自動車を製造できるようになるかどうか。

小山｜モビリティ技術がコモディティ化するかどうか、ということですね。確かに自動車メーカーじゃなくてもモビリティ技術が開発できるかどうかという点は、不透明なところがあります。いい指摘だと思います。

26　広井良典『人口減少社会のデザイン』東洋経済新報社、2019年

ワーク3 | キーファクターに影響を与える
ドライビングフォースを探る

小山 | それでは続いて、「ドライビングフォース」を挙げていただきます。ドライビングフォースとは、キーファクターの変動に影響を与える外部環境要因です。こちらもキーファクター同様、変動が計測できるものにしてください。各要素の影響関係を示しておきます。

図表40 | **各要素の影響関係**

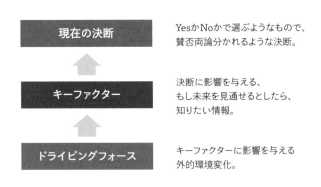

ドライビングフォースは、いわゆるPEST（Politics（政治）、Economy（経済）、Society（社会）、Technology（技術））分析と考えていただいていいでしょう。たとえば、AI技術がどのように進歩していくのかとか、シェアリングエコノミーが進んでいくのかとか、石油燃料資源の動向はどうなっていくのかとか、少子高齢化は進んでいくのだろうかとか、そういった話です。さまざまな外部環境要因がキーファクターに影響を与えるはずです。想定しうるドライビングフォースを書き出していきます。

実際のワークショップでのアウトプット

ワーク4 ｜ 2軸を定め、4つのシナリオを描く

小山 ｜ さらに、今出てきたキーファクターとドライビングフォースに優先順位を付けていきます。

図表41 ｜ **要素の優先順位付け**27

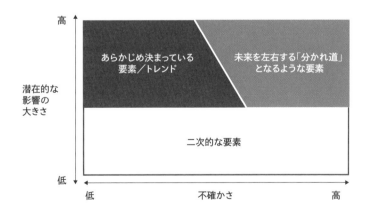

27　ウッディー・ウェイド前掲書p.51

縦軸は、「潜在的な影響の大きさ」とします。たとえば、「AI技術の進歩が急速に発展する」というドライビングフォースは、高いレベルでの自動運転が実現する可能性を高めますから、トヨタの意思決定に非常に大きなインパクトを与える。なので、潜在的な影響力は高いと判断します。

これに加え、横軸は「不確かさ」です。右に行くほど、不確実性が高い。たとえば、人口集中がさらに進むかどうかは、さまざまな可能性があるものの、感覚的には進む方向に行きそうですよね。つまり、不確実性としてはそれほど高いとはいえない。真ん中あたりに置いておきましょう。

この「潜在的な影響の大きさ」と「不確かさ」の2軸から要素を考えますと、図表41のように3つに分けられます。まずは、下半分の「二次的な要素」。これは潜在的な影響のない要素ですので、シナリオ・プランニングをやるにあたっては無視してよい部分です。逆に、上半分は極めて重要です。上部の左側は「あらかじめ決まっている要素／トレンド」。潜在的な影響が大きく、不確実性も低い部分です。世の中が織り込み済みの部分ですので、確実に予測できる世界です。上部の右側は「未来を左右する『分かれ道』となるような要素」。同じく潜在的な影響は大きいけれど、不確実性が高い。どうなっていくのかはわからないけれど、影響力が大きいので無視できないものです。

以上のようにプライオリティ付けをしていただきます。グループごとに1枚ずつ模造紙を配りますので、縦軸と横軸を描いて、付箋に書き入れていただいた要素を適切な場所に貼り付けていってください。

実際のワークショップでのアウトプット

小山 ｜ では、並べていただいた要素のなかから潜在的な影響が大きく、不確実性が高い要素、つまり右上にあるものをふたつ選びます。また、それぞれ独立した要素を選んでください。相関関係があると、うまくシナリオを描けません。4つのシナリオにならず、ふたつに収斂してしまうんです。

さて、今回はこちらのチームの2軸を取り上げてみましょう。

図表42 ｜ **4つのシナリオ**

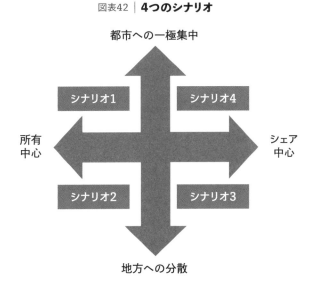

発表チーム ｜ ひとつの軸は、自動車を所有するのか、シェアするのか。も

うひとつは、人口が都会に一極集中するか、あるいは地方分散するか。

小山｜なるほど。今、日本でカーシェアリングは主流となるほどではありませんが、徐々に普及しています。ただ、このまま広く普及していくのかどうかという要素は不確実性が高く、賛否両論分かれるところです。しかも、今のトヨタの意思決定として重要なポイントですね。カーシェアリングが一般的になっても、人々が所有にこだわるような自動車を作り続けるべきなのかどうかというと疑問です。意思決定に直結する軸です。

その上で、人口が都市部一極集中になるのか、地方分散になるのかというのは、モビリティサービスを展開する上ではかなり重要な軸になります。たとえば、都市部の公共交通機関にサービスを提供していくべきなのか。それとも、地方間を結ぶような長距離の基幹モビリティみたいなところが重要になってくるのか。意思決定が大きく変わりそうですね。

具体的に見ていきましょう。たとえば、図でいうと右上のシナリオ4、人口が都市に一極集中して、なおかつ車のシェアが増えていく世界とはどんなものでしょうか。

発表チーム｜極論ですが、自動車の数がかなり減る。

小山｜現在、95％くらいの自動車が駐車場にとまっていて、走っているのは5％だけとも言われています。この数字も逆転しそうですね。95％の車が常に動き続けていて、止まっている車が5％の世界。その場合、単純計算をすると、車の台数は20分の1に減少します。自動車が激減する世界になるということです。当然の推論として、トヨタの自動車販売も20分の1になるでしょう。

発表チーム｜そうなると、生産事業を縮小し、別の事業を考えなければならない。

小山｜間違いなくそうなりますよね。仮に生産して利益をあげることを考えたら、生産設備の集約が必要ですよね。すでにトヨタは、ダイハツ、日野、スバル、マツダ、スズキなどと提携しています。縮小均衡している業界は、このようにどんどん集約していかないと、生き残れないのです。それに向けて、トヨタの経営陣は大きな決断を迫られているでしょう。

この事例ですと、自動車の売り上げが激減する世界が見えてきました。

すると、対応すべき準備ができるわけです。ただ、おそらく現場の人たちは、その未来をあまり想定していません。経営陣が自分たちの思いを少し脇に置いてリフレームして世の中を見ることによって、新たな可能性が見えてくる。これがシナリオ・プランニングを行う大きな意義になります。

ワーク5 │ ストーリーの起承転結をつくる

ここからは、基本的には起承転結を考えながらストーリーを組み立てていきます。

図表43 │ **シナリオの起承転結**

起	シナリオの軸を受けて、どのような世界が生まれるのかを記述。
承	「起」の世界が生まれた結果、どのようなことが起こるのか、因果関係を意識して新しい世界を記述。
転	新しい世界において、どのような課題が生まれ、どのような決断を迫られるのかを記述。
結	新しい世界の課題に対処するための決断と課題への対応を記述。

まずは「起」。シナリオの軸を受けて、どのような世界が起こるのかを記述します。その軸にある出来事が起こったらどのような世界になるのか、素直に詳しく書いていくのが、「起」の部分になります。

さきほどのトヨタの軸を使って、「起」を考えてみましょう。人口は地方分散が進んだ。さらにシェアリングが普及して、みんな自動車を所有せず、共有するようになったというシナリオ3を取り上げましょう。このとき、どんなことが起こるのか、思いつくことを挙げてください。

N｜シェアリングが普及することによって、販売台数が減少します。

小山｜このシナリオでも台数は減ったと言ってしまっていいですかね。

N｜ただ、地方分散が進むため、シェアリングする車の台数は比較的多く必要となり、シェアリングの拠点もたくさん必要になる。そうなると、台数は減らないかしれないですね……。

小山｜さきほどのシナリオでは少なくなると言い切りましたが、地方分散のシナリオとなれば、もしかしたら減らないかもしれない。そういう想像力も必要ですね。分散して住んでいる人たちを、日々、自動車でさまざまな方向へ移動させる必要がでてきます。もしかしたら今までよりも車を使う人が多くなり、多くの車が行き交う風景は今以上、という可能性もある。

　一方で「ライドシェア」と呼ばれるような、都市部での乗り合いも想定されていますね。e-Palleteもそうですが、小型バスのようなものです。これを地方で展開した場合はどうなるでしょうか。シェアリングが普及するとはいえ、自動車の台数が多くなるのか、少なくなるのか、想像力を働かせて考えていきます。

　続いて、「承」。「起」の世界を受けて、その世界がどのように変化していくかを記述します。「起」の世界を一歩進めるイメージです。どのような市場環境になるのか、自動車業界はどうなっていくのか。想像してみてください。

O｜さきほどのマイカーが減っていくというNさんの発言を受けて、中古車をシェアリングカーとして提供するようなマッチングサービスが出てくるのではないかと思いました。

小山｜メーカーはどうなるでしょうか。

O｜シェアリング専用の車を開発するかもしれません。IDを登録して利用するような車を作るかもしれない。あとは、短距離、中距離、長距離と、地域によって車を距離別に分ける必要もあるかもしれません。

小山｜なるほど。これまでのような車種とは違う、新しいカテゴリーが生まれてきそうですね。

O｜これまでは所有のための自動車を作っていましたが、シェアリングが普及すると、ニーズの異なる人が乗り合いをすることになるので、好

みよりも利用目的を優先した車が開発されるのではないかと……。

小山｜そうですね。もちろん、グレードだけではなく、目的別のサービスも出てくるでしょう。キャンプに行く人、ちょっと街中を移動したい人、高級車を使いたい人、特定の車種に乗りたい人、さまざまな目的にあわせたシェアリングサービスが展開されます。

また、地方分散するということは、基本的に車で長距離を走るわけですよね。そうなると飛行機のように、ファーストクラス、ビジネスクラス、エコノミークラスなど、シェアリングにもランク別のサービスが出てくるかもしれない。

富裕層はシェアリングサービスでもゆったりとした車で移動できるようになります。車の所有自体がステータスではなくなり、シェアリングサービスのランクで評価されるようになるとしたら、今までの高級車も、所有ではなくサービスとして残り続ける可能性もありますよね。

次は、「転」ですね。「起」「承」の世界において、トヨタがどのような課題に直面し、どのような決断を迫られるのか。ここが「転」です。人口は地方分散し、シェアリングサービスが拡大する世界です。

ここでひとつ注意点ですが、ついつい、現在のビジネスモデルが頭から離れずに、ここで「シェアが普及しても、依然として車を所有したい人がいる」という展開にしてしまうことがあります（会場笑）。いや、本当です。今までのマインドセットが強烈に残っているんですね。

たとえば過去に、ある出版社でシナリオ・プランニングを行ったのですが、「紙の本は電子書籍に取って代わられる」というシナリオを検討しているのに、転で、「それでも紙の本は愛され、一定量が取引されていた」という展開になったことがありました。それは「願望」でしかありません。

ここでは、あくまでそのシナリオの軸に沿って、ここでは「所有しない、みんながシェアする」というシナリオに寄り添います。トヨタとしてはちょっと嫌な未来かもしれませんが、むしろそういう想像したくない未来だからこそ、そこにどっぷり浸かって考えることが重要なのです。

P｜シェアリングによっていろいろな人がひとつの車に乗るようになったので、事件や事故など、予期せぬ事態が降りかかるという課題が出てき

ます。さらに、きれいに使用しない人がいたり、使用後にガソリンを満タンにしておかない人がいたりして、管理が難しくなる課題もあるかもしれません。

小山｜これに対して、トヨタはどのような対応に迫られるでしょうか。

P｜私はコネクテッドカーのストーリーをイメージしました。遠隔でつなげることで、ガソリンが減っていれば警告するような機能を搭載する。あるいは、盗難や事故が起こった場合は、保険サービスの拡充を考える。「前の使用者の使い方はどうでしたか」というアンケートを取って、ユーザーを評価し、ランク付けするような与信管理するサービスを展開する。

小山｜なるほど。シェアリングに関わる課題、たとえば盗難や事故、清掃の問題は、すでに現在のシェアリングサービスで直面していますし、解決しようとしていますよね。しかしここでは、もっとこの世界が進んだ結果、トヨタが新たに直面している意思決定上の課題を考えてみたいんです。

P｜難しいですね……。

小山｜ほかにいかがでしょうか。

O｜シェアリングエコノミーになるということは、トヨタが在庫を持ってビジネスをすることになるので、在庫を抱えるリスクと稼働率をいかに上げるかという点が大きな課題になってくると思います。

小山｜なるほど。乗客と自動車のマッチングをどうするかということですね。出勤の時間帯など混み合うときには自動車がたくさん必要ですが、昼間の時間帯はそうでもなくなります。そうしたとき、モビリティのリソースの適正な配分が難しくなる。これはエネルギー問題でもよく起こりますね。ピークに合わせると社会的な無駄が多くなる。

　さて最後に、「結」を考えます。新しい世界に対処するための決断と対応策を決めます。たとえば、ある快適な空間を作るところに特化したシェアリングサービスを提供することになり、自動車製造はレクサスブランドだけ残し、あとはプラットフォームのシステムだけを他メーカーに提供するという可能性もあるでしょう。フラッグシップとなる機能は自社で実装し、標準化された機能を他社に提供して利益を上げる。そんな施策も考えられるでしょう。

ここまでの話をストーリーとしてまとめてみましょう。

起

　自動運転が普及することで、公共交通機関がライドシェアによるモビリティサービスに置き換わった。これは地域において特に顕著であった。自動車の所有は古いものとなり、シェアリングサービスが普及した。都市部でのタクシーのような感覚で、近くに駐車もしくは走行している車を呼び寄せて利用することが当たり前になった。こうして地方の交通問題が解決されていく中で、一極集中していた都市を離れ、地方へ移住する人が増えた。

承

　そうしたなかで、自動車に対するニーズも多様化していった。今までは所有した車で、通勤からレジャー、ショッピングまで対応しなければならなかったので、汎用性のある仕様が求められていたが、その都度利用するシェアリングサービスは、自動車の専門化、多様化を促した。人々は、ショッピング用の車、キャンプ用の車など、用途に合わせて車を使い分けるようになった。電気自動車の普及により自動車製造の技術はコモディティ化し、まるで自作パソコンを組み立てるように自動車を製造できるようになった結果、多様な専門モビリティサービスが乱立することにもなった。

転

　こうしたなか、需給バランスの調整が大きな問題になった。できるだけ細かなニーズに答えようとすると車種が増えるが、その分、ユーザーと自動車のマッチングが難しくなる。通勤時には通勤用の自動車が足りなくなるし、大型連休であればレジャー用自動車が足りなくなる。それをひとつのモビリティ会社だけで調整しようとすると、限界がある。乱立したモビリティサービス同士を包括するような、大きなプラットフォームが求められるようになった。

結

　自動車メーカーは専門化し多様化する一方で、プラットフォーム事業者

は寡占化していく。トヨタは、あまりに多様化・低価格化していくマーケットの中で、もはや、大衆車での利益はほとんど見込めない状況になっていった。その状況において、レクサスブランドによる高級路線に舵を切った。かわりに、大きな投資が必要となるプラットフォーム開発を進め、自動車の通信接続の心臓部分のパーツ「次世代DCM」を他社に提供し始めた。ニッチ市場、大衆市場については、次世代DCMの利用料金によって収益を上げるビジネスモデルへと転換した。レクサスブランドにより新しいサービスを市場導入し、それを普及版のDCMにも随時適用していくというかたちで、競合他社との差別化を図っていった。

図表44 | **トヨタの未来のビジネスモデル**

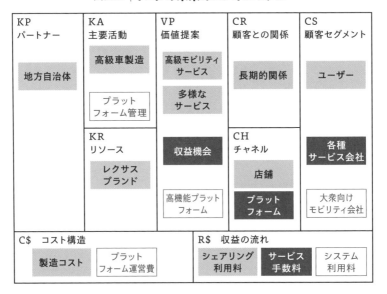

いかがだったでしょうか。今回は時間の関係で、シナリオをひとつだけ検討しました。本来は4つのシナリオそれぞれに、ビジネスモデルを想定します。また、シナリオ・プランニングは本来、何日、何週間もかけて行うプロセスです。半日でやるのはチャレンジングでしたが、おおまかな流れは体験いただけたと思いますので、ぜひ次回はみなさんの会社で取り組ん

でみてください。

　シナリオ・プランニングによるシナリオの作成によって、危機感を持たない経営陣に対して、非常に強いインパクトのある提言ができます。シナリオ・プランニングの目的は、マインドセットをアップデートすることにあります。今までの日常が続いていくという前提での未来予測ではなく、不測の未来に備えること、そしてそのことにより、想像もしない未来を出現させることができるのです。

第**6**講 | 未来からの バックキャスト
イノベーターの 思考様式を身につける

事前予習設問

1 | コンビニのビジネスモデルは、
将来どのように変化していくのだろうか。
そのひとつのありえるビジネスモデルについて、
ビジネスモデル・キャンバスを作成しなさい。

イノベーターの思考様式

小山 ｜ みなさん、「東京バベルタワー」をご存じですか。1992年に早稲田
大学の尾島俊雄先生が発案した、高さ1万メートル、居住人口3000万人、
建設費3000兆円の超巨大タワーです。凄まじい規模ですよね。山手線の
内側の面積をすべて使うようなイメージですね。土地買収だけで3000兆円
かかるそうです。ちなみに92年はちょうどバブルが弾けた直後で、日本の景
気は絶好調でした。バブルってこういう時代だったんです。バベルタワーのよ
うな構想は、大手建設業でも練られていました。

　ここでみなさんに質問です。こういった構想は、イノベーションと呼べるで
しょうか。

図表45 ｜ **東京バベルタワー**28

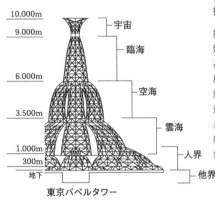

プロジェクト：東京バベルタワー
提案：尾島俊雄（早稲田大学名誉教授）

提案年：1992年
建設地：東京（山手線の内側すべて）
高さ：10000m
居住人口：3000万人
建設費：3000兆円
建設期間：100〜150年
基底面：110km^2
総床面：1700km^2
鋼材量：10億トン

図面ライブラリー第21輯尾島俊雄（稲門建築会）
http://www.toumon.arch.waseda.ac.jp/pdf?file=9596575d6844e1d2677e290639a2b999.pdf
尾島俊雄『千メートルビルを建てる－超々高層のハードとソフト』講談社選書メチエ、1997年

28　「東京バベルタワー」『図面ライブラリー第21輯 尾島俊雄』稲門建築会、2006年1月

A｜ 僕はイノベーションだと思います。その理由は、当時の技術では1万メートルのタワーを地上から建設することなどできなかったはずなので、建設する過程でイノベーションが起こるのではないかと。

小山｜ ありがとうございました。これを実現するために、技術イノベーションが起こるということですね。他にいかがでしょうか。

B｜ 規模が大きいので、構想を聞くと他業界からは非現実的ではないかと思われるでしょうが、それをやってみせようと考えることがイノベーションではないかと思います。

小山｜ そうですね。常識を超える規模の建物をつくる。イノベーションは、常識を覆すものでなければならないわけです。その意味で、この構想はイノベーションでしょう。今度は、イノベーションではないと考える人の意見を聞いてみましょう。

C｜ そもそも実現が不可能な構想なので、イノベーションと呼べないのではないでしょうか。

小山｜ 確かに、山の手線の内側すべてを使うということは、土地の買収だけでも気の遠くなるような時間がかかりそうですよね。実現前の段階でイノベーションと呼んでいいのか。

　こうやって考えていくと、実はイノベーションとは、人々が驚くようなことでありながら実現可能であるという、二律背反しているものなのです。このイノベーションの位置づけを、このような図で示してみたいと思います。縦軸にインパクトの大─小、横軸に想定内─外というふうにとります。

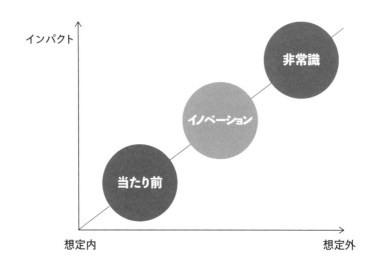

たとえば、スマホのバッテリーが以前より2時間長持ちするようになったとします。これは想定内であり、インパクトも少ない「当たり前」の進化であり、イノベーションとは呼べません。逆に、バベルタワーのように想定外でインパクトのあるアイデアは、単に非常識で終わってしまうでしょう。イノベーションとは、このふたつの間にあって、今の想定から外れるけれども実現可能であり、インパクトも高いもの。発明されてしまえば、「なぜ今までなかったのか」と思うようなものなのです。いわば、まだ誰も知らない未来の「当たり前」がイノベーションなのです。

こういうイノベーションを見つけるにはどうしたらいいのでしょうか。すでにさまざまな専門家が議論しています。たとえば、オーストリアの経済学者ヨーゼフ・シュンペーターは、イノベーションを経済活動の中で、生産手段や資源、労働力などをそれまでとは異なる仕方で新結合することと定義しました[29]。重要なのは、すでに存在する生産手段や資源、労働力を使っていることです。すでに存在しているのだから実現可能です。そしてそれらを

---

29 J.A.シュンペーター著、塩野谷祐一、東畑精一、中山伊知郎訳『経済発展の理論—企業者利潤・資本・信用・利子および景気の回転に関する一研究〈上〉』岩波文庫、1977年、pp. 180-182

「異なる仕方で新結合する」ことによって、想定外の新しい「当たり前」を実現していくのです。

新結合の例として、物流大手FedExがあります。このケースは、不名誉なことですが、ビジネススクールがいかに新規事業の立ち上げに役立たないかという事例としても使われます。イェール大学の学生だったフレッド・スミスは、ハブ＆スポーク（中心拠点であるハブに貨物を集約させ、拠点毎に仕分けて運搬する輸送方式）のアイデアを発見しました。このアイデアをレポートにまとめて提出したところ、担当教授はC評価をつけました。彼のアイデアは、教授に理解されなかったのです。そこで自説を立証するため、1973年に貨物輸送の会社を立ち上げ、テネシー州メンフィス国際空港を拠点に、米国内の25都市間で航空貨物輸送を開始しました。これが現在のFedExです[30]。

図表47 | **新結合によるイノベーション例：FedEx**

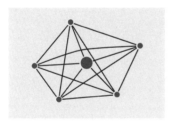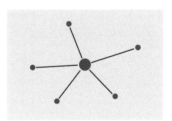

全ての空港に直行便を引く場合
N（N−1）÷2 ＝15

ハブ・システムの場合
N−1＝5 （N＝空港の数）

ハブ＆スポークとは、たとえば札幌から仙台に荷物を送る場合に、仙台へ直送するのではなく、一度羽田で全国各地からの荷物を集約し、仙台行きのものを取りまとめて送るやり方です。輸送距離では遠回りですが、実はこの方がはるかに効率的なんです。

今ではあらゆる運送大手がこの手法を取り入れています。しかし、これ

30 リチャード・ドーフ、トーマス・バイアース著、設楽常巳訳『最強の起業戦略 スタートアップで知っておくべき20の原則』日経BP、2011年、p. 5

は当時存在しなかった新技術を使ったものではありません。すでに存在している飛行機、空港、スタッフを使っています。それでもイノベーションといわれているのは、「新結合」をしたからなのです。

また、20世紀半ば、アメリカの広告業界で活躍したジェームス・ヤングは、著書『アイデアのつくり方』の中で、「アイデアとは既存の要素の新しい組み合わせ以外の何ものでもない」と書いています[31]。ここでもまた、既存の要素を組み合わせるということを言っている。まったくのゼロから空想的に生み出すものではないわけです。

ほかにも、心理学者のシルヴァーノ・アリエティは、神は無から創造するのに対して、「人間の創造性は既存の使えるものを利用し、これを予想できない方法で変化させる」と表現しています[32]。そのときの常識からすれば予想できない組み合わせ方によって想定外のものが生まれ、周囲はあっと驚くわけです。

実はこうした常識に反するような要素については、講義の中で何度か触れてきました。第2講でご紹介したクリティカル・コアは、非合理なものを導入するという話でしたし、第4講でご紹介したイノベーションの守破離モデルでも、アート的な思考がイノベーションを生み出すという話をしました。前回シナリオ・プランニングで取り上げたような、賛否両論分かれる要素を持ち込むことで想定外の未来を議論するのも、きわめてアート的なプロセスです。

アートやイノベーションはそのときの非常識からスタートするんです。非常識を実現させようと考える。そしてその結果、それが未来の常識になっていくのです。イノベーションとは、非常識の常識化なのです。そして、非常識からスタートして、それを実現可能なビジネスモデルに落とし込んでいくのがビジネスにおけるイノベーションなのです。

これは、一般的に行われるような合理的な推論の仕方とは異なります。その当時の常識をいくら積み上げていっても、驚くようなイノベーションには

31　ジェームス・W・ヤング著、今井茂雄訳『アイデアのつくり方』CCCメディアハウス、1988年、p. 28
32　シルヴァーノ・アリエティ著、加藤正明、清水博之訳『創造力─原初からの統合』新曜社、1995年、pp. 2

たどり着きません。まず着想としての、思いも寄らない新奇の組み合わせ
という「非常識」が欠かせないのです。その意味でさきほどのバベルタ
ワーの構想も、新しい発想を生み出すプロセスとして有効です。

図表48 | **イノベーターの思考様式**

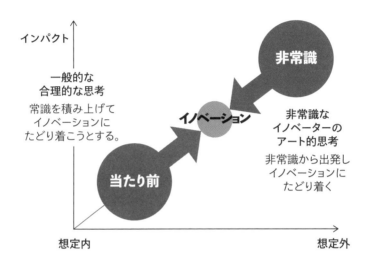

第3の思考法「アブダクション（飛躍的推論）」を活用する

小山 | このようなイノベーターの思考をどのように身につければよいのでしょうか。ここでは19世紀後半から20世紀にかけて活躍したアメリカの記号学者チャールズ・サンダース・パースの議論を紹介したいと思います。パースはまず、思考とは記号の操作であり、その操作によって推論を働かせることと考えました[33]。

　その推論ですが、ギリシア哲学以来、**演繹法**と**帰納法**のふたつの形式があると言われてきました。演繹法の典型的なものが、三段論法です。人は死ぬ。ソクラテスは人だ。ゆえに、ソクラテスは死ぬ。理性的に導き出された原理を適用して推論するわけです。これは、必然的に推論されるものです。

　一方の帰納法では、さまざまな事例を見ていくと、どうもこういうことが起こるらしい、だから次も同様なことが起こるだろうと推論します。多くの事例を列挙していく中で、共通点を見つけて一般化していくわけです。これにより、100%必然とまではいえないまでも、蓋然性の高い推論ができます。

　しかし、このふたつの推論形式だけでは限界があるのではないかと疑問を抱いたのがパースでした。演繹法とは、前提から理性的に導き出された法則を当てはめたものですし、帰納法は起こった出来事を列挙していって共通点を探して一般化したものです。いずれもその当時の前提やすでに起こった出来事に基づいて行われる推論です。そのため、このふたつの推論では新しい観念を生み出すことができないとパースは考えました。そして、より創造的で発見的な推論形式としての**アブダクション**（**飛躍的推論**）を提唱したのです[36]。

33　伊藤邦武『プラグマティズム入門』ちくま新書、2016年、p.46
34　米盛裕二『アブダクション──仮説と発見の論理』勁草書房、2007年、p.53-60

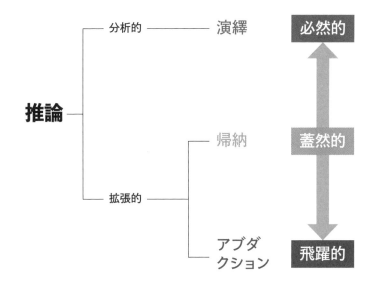

図表49 │ **第3の推論形式**

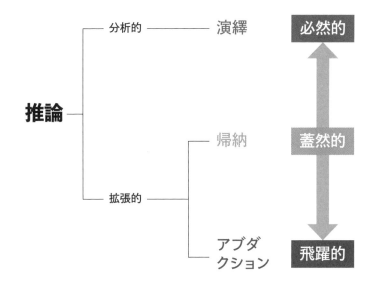

　わかりやすいようにビジネスの世界の例で考えてみましょう。演繹法によって「こういう製品は必ず売れる！」と言ったとすると、それは思い込み、独断です。そんなヒットの法則があれば、誰もが成功者になりますが、ビジネスはそう簡単ではありません。また、帰納法によって「他社の出したピンクの携帯電話が売れているから、ウチも同じものを出したら売れるだろう」という発想だと、他社の追随であり、新しいものを生み出せません。あるいは、「ピンクの携帯電話が売れているからといって、我々も出したら売れるだろうか」と常に疑ってかかると、懐疑論に陥ってしまい、何もできなくなってしまう。これもまた、困ります。

　私が説明したこの演繹と帰納に対する批判の仕方は、もともと哲学者カントの大陸合理論、イギリス経験論への批判をそのまま借用しています。大陸合理論は、理性によってものごとは認識できるという立場で、定理から必然的に推論できるものだけを真とする、演繹的な考え方です。一方のイギリス経験論は、そうした理性による推論を疑いました。経験してみないとわからないということを、徹底します。このふたつの思想の流れは実は、

今も連綿と続いています。たとえば、ヨーロッパ連合（EU）のような理念主導の取り組みは、やはりドイツやフランスといった大陸主導で行われますし、そこから離脱したイギリスは、そうした理念や理性に対する懐疑を隠そうとしませんでした[35]。

　パースはそのふたつの思想的な流れを受けて、アブダクションという第三の推論形式にたどり着きます。パースが始めた思想的な流れは、プラグマティズムと呼ばれています。プラグマティズムは実用主義とも訳され、理論の証明された正しさよりも、その理論が実際に有用であるかどうかでその価値を判断しようというものです。アメリカ人の考え方の根底に色濃く流れていて、アメリカで生まれたビジネススクールにもこのプラグマティズムが強く影響しています。

　それでは、そのアブダクションについて説明していきましょう。アブダクションの例として、次のような推論を考えてみましょう。海から離れた内陸でも貝や魚の化石が出るという事実がありますが、この理由を説明できる方はいますか。

F ｜ 昔、その場所は海の中だったから。

小山 ｜ そうですね。現在は陸地でも、昔は海だった。これは常識ですよね。では、現在のように海が隆起することを知らない時代はどのように考えていたのでしょうか。

F ｜ わかりません。

小山 ｜ 想像するのも難しいですよね。当時の常識では考えようがない。こうした化石が思いがけない場所で見つかれば、「神様の落書きだ」などというふうに説明するしかありませんでした。

　演繹法によって考えると、「魚は海にいる。ここは陸地だ。ゆえに、魚の化石が出るのはおかしい」となってしまう。帰納法を使って考えますと、「ここでは魚の化石が出る。他の場所を調べると、出る場所もあれば出な

35　そこでカントは両者を統合しようとしました。確かに外界にあるものから触発されて得られた感覚を材料にして認識している。カントは、経験を否定しません。しかし一方で、その得られた材料をどのように認識するのかということについては、前もってその認識の形式を人間が持っている。いわば演繹的に認識をしている。そんなふうにして、経験論と合理論の対立を調停するのです。（峰島旭雄編著『概説西洋哲学史』ミネルヴァ書房、1989年、pp. 123-124）

い場所もある」。結局、何もわかりません。こうした常識を覆すもの、新しい観念を作り出さないといけないときには、既存の推論では答えが出ないのです。

しかし、パースはこう考えました。「昔、海だった場所が陸地になったとしたら、魚の化石が出てもおかしくない」という飛躍的な仮説を人間は思いつくことができる。そしてここから、太古の海岸線を発見できた。このように、新しい発見をするとき、そこには飛躍的推論があるのです。

ほかにも、有名な天動説から地動説へのコペルニクス的転回もそうです。天体の動きを計算するとき、天動説に基づいて考えるとやたら複雑になってしまう。特に惑わすような動きをする「惑星」の動きが予測できない。しかし、コペルニクスは「もし地球が動いているとしたら」という当時の常識に反する仮説をおいて、その考えに基づいて考えると、非常に計算が簡単になることに気づきました。そこから地動説を発見したのです。これは演繹法でも帰納法でもありません。

さらに、りんごが落ちるのを見て万有引力の法則を発見したニュートンも、アブダクションによる推論を働かせたと考えられます。なぜ地面に向かってまっすぐにりんごが落ちていくのか。それを説明しようにも、演繹法でも帰納法でも推論できない。というか、そもそもそのことを疑問に思うことさえないかもしれない。そこでニュートンは、りんごと地球がお互いに引き合っていたら、質量の小さいりんごが地球に向かって「落ちて」いくのも当然だろうと推論したのです[36]。

パースは、アブダクションを次のように定式化しました。

（1）まず驚くべき事実Cが観察される。
（2）しかし、もし仮説Hが真であれば、Cは当然の事柄だろう。
（3）よって、Hが真であると考えるべき理由がある[37]。

エベレストで見つかる魚の化石が驚くべき事実Cであり、そこに「昔海

36 米盛裕二前掲書、pp. 56-60
37 米盛裕二前掲書、p. 54

だったところが山になったとしたら」という仮説Hを置いてみると、それまで驚くような事実だったCが当然の事柄になる。これは、地動説も万有引力の法則も同様です。当時の常識には反するけれども、そう考えるとすべてのつじつまが合うとニュートンは気づいたわけです。

　驚くような事実Cとしての予期せぬことが起こり、そこでこれまでの常識とは異なる仮説Hを考え、それであればCも当然であるような説明が可能になる。そうして新しい観念を作り出すことが、イノベーションなのです。

インプロによるイノベーション思考トレーニング

小山｜では、こうしたアブダクションによる飛躍的推論のトレーニングを行ってみたいと思います。今回みなさんに体験いただくのは、ビジネスインプロというものです。

　インプロとはインプロビゼーション、すなわち即興のことです。ジャズのインプロビゼーションであれば、演奏者が事前に楽譜をもたずにその場の雰囲気で即興的に音楽を奏でることをいいます。演劇でもインプロはひとつの分野として、特にアメリカではコメディショーとして確立しています。今日はそれを、ビジネスの領域に応用してみます。

　このビジネスインプロですが、たとえば『トイ・ストーリー』や『モンスターズ・インク』などのCGアニメ作品で有名な映画製作会社のピクサーなどでも、創造性開発の手法として採用されたりしています[38]。その中で今回、「イエス・アンド（Yes, And）ゲーム」というワークをみなさんに体験していただこうと思います[39]。

　2人1組になってください。2人であるものを作っていただきます。ルー

38　高尾隆『インプロ教育─即興演劇は創造性を育てるか』フィルムアート社、2006年、pp. 164-178
39　通常のイエス・アンドゲームでは、2-3分の短いシーンを作ります（絹川友梨『インプロゲーム─身体表現の即興ワークショップ』晩成書房、2002年、pp. 66-69）。ここでは、ものをつくるという制約をもたせたイエス・アンドゲームを行っています。

ルは簡単。相手の言ったことは必ず「イエス」で受け入れて、それに新しいアイデアを「アンド」と加えて、キャッチボールしながら作り上げていきます。

　最初のお題は、「理想の別荘」です。自分が住んでみたい別荘はどのようなものか、2人で考えていただきたいと思います。海にあってもいいですし、山にあってもいいです。海外でも国内でもかまいません。制限時間は2分間です。では、スタート。

（※2分間ワーク）

小山｜はい、終了です。では、誰か発表していただける人はいますか。

G｜海の近くにあって、波の音が聞こえて、風が感じられる別荘です。窓が大きくて太陽の光をたくさん浴びることができて、夜は星が見える。テラスと部屋が続いていて、広々とした空間にコーヒーが飲めるようなチェアやテーブルが置けるスペースがある。

小山｜ありがとうございました。自然と一体感、開放感がある別荘ですね。居心地がよさそうです。ほかにはどうですか。

H｜地下にある別荘です。エアコンがなくても年中涼しく、適温で過ごせます。しかも自然の換気ができる。シェルターのような使い方もできます。

小山｜ありがとうございます。温暖化が深刻になる中でも、快適に過ごすことができる別荘ですね。地下という発想はすごいですね。このように、2人で何かをつくっていくと、思いも寄らないものができあがると思います。

　ただ、この発想法をやる際には、大事なコツがあります。同じ別荘の例で説明します。最初の人が、「庭があります」と言ったとします。そう言われたときによく起こるのが、二人とも同じイメージを共有してしまうケースです。

　たとえば、日本庭園をイメージして二人が同じ和風別荘──文豪がそこにこもって執筆するような──を発想してしまうと、「池がある」「鯉が泳いでいる」「石橋が架かっている」「松が植わっている」というように、イエスアン

ドのやり取りはスムーズに行きます。しかしできあがったものは、当初想定した和風別荘の範囲内になってしまいます。これを「横滑りのイエス・アンド」と呼んでいます。相手のアイデアをしっかりとイエスで受け止められておらず、アンドで新しい発想が加えられていないのです。

　ここでは、イノベーション、すなわち飛躍的な推論を目指しています。そのためにはどうすればいいのか。「積み上げ型のイエス・アンド」と呼んでいるのですが、前の人が言ったことが「○○」だとすると、そこに「○○だからこそ、□□である」というふうに考える。「庭があるからこそ、何ができるだろうか。」と考えるんです。相手の言ったことを原因として、その結果、どのような展開ができるのか発想を広げるわけです。

　では、実際にやってみましょう。もし別荘に庭があるとどうなるでしょうか。「庭があるからこそ……」。いかがでしょうか。

I｜ 動物が飼える。

小山｜ はい、庭があるからこそ動物が飼える。動物の飼える別荘ということですね。ムツゴロウさんの動物王国のように、たくさんの動物が生活しているとしましょうか。そして、次の人はこのように考えます。「庭があって動物が飼えるからこそ、何ができるだろう」と。次の人、どうぞ。

J｜ 子どもがたくさん集まってくる。

小山｜ はい、子どもがたくさん集まってきて、動物と触れあえる。いいですね。さらにですよ、「庭があって動物がいて、子どもがたくさん集まるからこそ……」、どういうことができるでしょうか。

K｜ 保育所となって子どもを預けられて、親だけで遊びに出かけられる。

小山｜ 親はどんな遊びができますか。せっかく庭に動物もいて、子どもたちは手離れするとしたら。

K｜ 親は二人で、花や木を植える。

小山｜ 子どもたちの遊び場をもっと魅力的にするために、ガーデニングをすると。家庭菜園で野菜を育てても面白いかもしれませんね。このように、「小動物と子どもが触れあえる、ガーデニング別荘」ができあがりました。最近では自然に触れる機会もないですし、大人も子どもも、それぞれが自然と触れあえる別荘は、なかなかニーズがありそうですね。

ではみなさん、ちょっと記憶を巻き戻してください。最初に「庭があります」と言ったときの、みなさんはこういう別荘を想像しましたか。想像しなかったのではないでしょうか。ところが、「だからこそ」とイエスアンドを3回ほど積み重ねていくだけで、最初に想定していなかったものができあがるんです。

　もっと種明かしをすると、相手の言ったことが、いわゆる「驚くべき事実C」として機能し、それも当然であるという状況にするために加えるアイデアが仮説Hの役割を果たしているのです。さきほどの例で言えば、「庭がある」という驚くべき事実Cに対して、自分は「動物がいる」という仮説Hを出すことによって、「庭があるのも当然である」ように展開するわけです。すると、相手にとっては「動物がいる」ということが驚くべき事実になりますから、妥当なものにするために「子どもが集まる」という要素を入れる。このように、「驚くべき事実Cを相手から受け取って、仮説Hを促す」ことを繰り返すこと、つまりアブダクションを積み重ねるという仕掛けになり、新しいアイデアが生まれます。

　そして重要なことは、最初に出したアイデアの良し悪しは、まったく重要ではないという点です。「庭がある」という着想は、別荘を考える上で驚くようなアイデアでもないですし、ましてやイノベーションでもありません。しかし、イエスアンドを繰り返していく中で、アブダクションによる飛躍的推論が積み重ねられ、当初は予想もしていなかったアイデアにたどり着くのです。もしアイデアを出したときに、「つまらない」と判断していたらどうでしょうか。あとの展開の可能性を失ってしまいます。

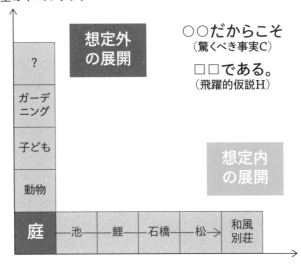

　こうした応用インプロの効果は、さまざまな領域で実証されています。さきほど挙げたピクサーのようなクリエイティブの世界でもそうですし、今からご紹介する物理学の研究の世界でもそうです。ここでひとつの動画を観ていただきます。物理学者のウーリ・アロンがTEDで講演したときの映像「真の革新的科学のために、未知の領域へ飛び込むことが不可欠な理由」です[40]。

　彼は物理学者であるにも関わらず、生物学と化学の境界領域で活躍しています。また彼の研究室は、極めて生産性が高く、メンバーも発見をし

40　『真の革新的科学のために、未知の領域へ飛び込むことが不可欠な理由』
　　https://www.ted.com/talks/uri_alon_why_science_demands_a_leap_into_the_
　　unknown/

ています。そこで、なぜそんなに生産性が高いのか、TEDではその秘密を紹介しているのですが、その秘密のひとつがインプロなのです。

　彼は、昼間は研究をしつつ、夜には即興劇の役者として活動していました。今みなさんがやっていただいたような即興のトレーニングが、実は研究に非常に役立っているという話をしています。これを見ていただくと、今、みなさんがやっていただいたことにどのような意味があるのかが明確に見えてきますので、ご紹介したいと思います。

（※動画再生）

図表51｜**新しい発見へとたどりつく道のり**

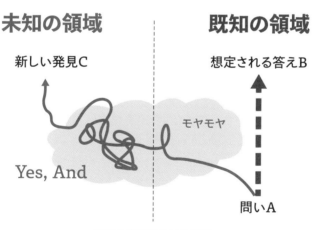

小山｜ウーリ・アロンが話していたのは、次のようなことです。問いAから想定する答えBに向かうことが通常の研究だと思われがちですが、それだと既知の知識にしかたどり着けません。さきほどの別荘のアイデアで言えば、「和風別荘」を着想するように、すでに知っているものにとどまってしまいます。

想定外のものを発見するためには、そうではない道筋が必要です。研究をしていると、思いも寄らない実験結果があがってきたりする。そうした「驚くべき事実C」を目の前にして、ようやく研究のスタート地点に立つことになります。このCを説明するにはどういう仮説が必要だろうか。そう考えていくなかで、ウーリ・アロンのいうモヤモヤに突入していきます。そこでは、先が見通せないので大きなストレスを感じますが、実際にはこれは既知と未知の境界に近づいているよい知らせなのです。

　そうしてこのモヤモヤ全体を説明する、今まで知られていなかった答えにたどり着くわけです。このモヤモヤを抜けるときのストレスを軽減するための知恵が、イエスアンドであるとアロンは言います。心配しなくとも、さきほどみなさんが経験したように、イエスアンドを繰り返していけば、想定外の答えに必ず到着します。

未来からのバックキャスト

小山｜さてここで、こうしたモヤモヤを抜ける体験をみなさんにしていただこうと思います。新しい事業構想を生み出す方法として、「未来からのバックキャスト」という方法を体験していただきます。

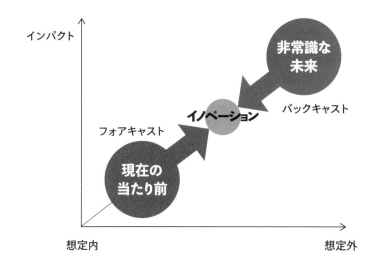

図表52 | 未来からのバックキャスト

インパクト

非常識な
未来

イノベーション

バックキャスト

フォアキャスト

現在の
当たり前

想定内　　　　　　　　　　　　　　　　想定外

　上の図を見てください。185ページで解説した、イノベーターの思考様式の図と同じ構造です。このとき、イノベーションを起こすには、「当たり前」からではなく、「非常識」から発想する必要があるという話をしました。当たり前、想定外というところに時間軸を入れると、現在は既知の「当たり前」のものばかりですし、未来には今から見て「想定外」が多分に含まれます。もし「現在の当たり前」を出発点にすると、現在の常識の範囲内のものしか生まれてきません。これはシナリオ・プランニングでも学習しましたね。現時点での予測ではなく、不測の未来に備えるためのものでした。つまり、現時点では想定できない非常識な未来を想定して、そこからシナリオを検討しました。

　たとえば、電気自動車メーカー・テスラのCEOであるイーロン・マスクは、宇宙船開発ベンチャースペースXを立ち上げ、「火星移住を実現させる」というミッションを掲げています。とんでもない計画ですが、1人あたり10万〜20万ドルくらいの費用で、100万人を火星に送り込む。そうすれ

ば、完全に自立型の持続可能な文明を構築できるのだと計算しています。100万人という規模は、仙台市の人口くらいです。これには40〜100年かかると言っています。極めて非常識な発想ですね[41]。

この構想を実現するためには、打ち上げ用のロケットを再利用することが前提になります。そのため、飛ばすだけではなくて着地もできるロケットの開発と実験が繰り返され、ほぼ成功するレベルのものができあがりました。さらにはこのロケットを応用して、大陸間旅客輸送に進出する計画を発表しました。これが実現すると、地球の反対側にあるふたつの主要都市を結ぶロケットの飛行時間は1時間未満となるとのこと。たとえば、ニューヨークから上海までは39分間に短縮されるのだそうです[42]。これもすごい計画ですが、火星に人類を移住させるということに比べれば、まだ現実的です。

つまり、火星に移住するくらいのことを考えていたからこそ、こうした突飛なことが実現できるわけです。

同じく未来からのバックキャストの事例として、Appleの元CEOである故スティーブ・ジョブズが1997年に作った30年ロードマップを挙げてみたいと思います。これは公式の文書では残っていないのですが、当時Appleに勤務していた福田尚久氏から聞いた話として、Windows95などの開発に関わった天才プログラマー中島聡氏がブログに書いた話です。

1997年、ジョブズがAppleに暫定CEOとして戻ってきたとき、彼は社内で、これから開発してゆく製品ラインナップについて語ったそうです。そこではデスクトップ型やノート型のパソコンだけではなく、iPodやiPhoneに類するものがすでにロードマップ上に描かれていました。後から振り返ると、実際に彼が当時想定していたタイミングで発売されたそうです[43]。

41　「イーロン・マスクの「人類火星移住構想」と勇敢な天空の旅行者たち」https://courrier.jp/info/28178/、クーリエ・ジャポン、2014年10月22日（最終閲覧日2020年5月10日）

42　「スペースX、ロケットで旅客輸送　主要都市間30分で」https://www.nikkei.com/article/DGXLASDZ29HND_Z20C17A9000000/、日本経済新聞2017年9月29日（最終閲覧日2020年5月10日）

図表53 | Appleの30年ロードマップ

未来からのバックキャスト

1998年	1999年	2001年	2007年
モデム内蔵	無線LAN	デジタル	モバイル
パソコン	ノートパソコン	音楽プレイヤー	インターネット

コンテンツが
デジタル
流通する
未来

なぜ、Appleがそんな製品を開発していけたのでしょうか。中島氏は、コンテンツがネットワークを通じてデジタル流通する未来をジョブズが予見していたのだと指摘しています。そうした未来から逆算していくと、2008年にはモバイル通信の環境が整備されてモバイル・インターネットが実現するから、iPhoneを発売することになるし、そこからさらにさかのぼって2001年にはデータ量が比較的小さい音楽データを扱うiPodや2003年には音楽を販売するiTunes Music Storeをリリース。さらに1999年、まだWi-Fiという規格がないときに無線LANを開発しケーブルなしにインターネットに繋がるノートパソコンをプレゼンして話題にもなりました。そして1998年、iMacです。

ジョブズがAppleに戻った1997年、同社は倒産寸前で、数カ月後には資金ショートしてしまうような状況でした。結局、積年のライバルであるマイクロソフトから投資をしてもらい、ギリギリ開発したのがiMacです。モデム内蔵型パソコンとして設計されましたが、それ自体、珍しいものではありま

43 「Appleの30年ロードマップ」https://satoshi.blogs.com/life/2009/12/apple-roadmap.html、Life is beautiful 永遠のパソコン少年の理科系うんちく、2009年12月3日（最終閲覧日2020年5月10日）

せんでした。

　では、何が新しかったというと、OSレベルでインターネットにつなぐことが前提となったコンピュータだったのです。iMacのiはインターネットのiでもありましたが、パソコンを立ち上げると、初期段階でプロバイダ契約をさせられ、初心者であっても自動的にインターネットにつなげてしまうような「インターネット専用機」として位置づけられていました。

　1998年の段階で、いきなりiPhoneを開発することはできません。技術的にも、資源的にも、インフラ的にも不可能です。しかし、iPhoneや、その後のiPadにたどり着くための第一歩として、これをやっていたと考えられるのです。

　さきほどのイーロン・マスクの計画も同様です。火星移住という計画の中で、まずは大陸間移動で収益を上げようとしています。つまりバックキャスティングとは、将来構想に基づいて今できることを考える、理想主義と現実主義をハイブリッドした思考なのです。

コンビニエンスストアのビジネスモデルに
イノベーションはあるのか

　コンビニエンスストアは当たり前のように24時間運営を続けていたが、人手不足もあり深夜の営業が難しくなってきた。ファミリーマートは、一部フランチャイズ店と営業時間変更について合意し、午前6時から翌午前1時までの19時間営業とすることになった。また、コンビニ店舗数も、過去20年間で2倍の5万7817店に増え、競争も激化し既存店売り上げも頭打ちになった。他のコンビニチェーンとの競争もさることながら、同じチェーンのドミナント出店によるものも大きかった。同じ店舗同士でのシェアを奪い合う状況は、各店舗にとっては厳しい状況ではあったが、一方フランチャイズ本部にとっては、加盟店全体の売り上げが上がることでロイヤルティー収入が増えることになる。こうした利益が相反する関係は、フランチャイズ本部と店舗の信頼関係にも影響していた。

　日本にコンビニが上陸したのは1970年代。以降、さまざまな取り組みを行ってきた。たとえば商品配送は、各メーカーや卸会社ごとに行うのではなく、共同配送センターによる効率的な配送を実現した。POSシステムによる販売管理・発注の仕組みも、コンビニが先駆けて導入した。さらに公共料金の収納代行やチケット発行、ATMの設置などさまざまな仕組みを整えてきた。ローソンなどによる医療や介護分野への進出や、過疎地域への移動コンビニの展開など、社会インフラとしての役割はさらに広がっている。

　一方、海外では無人コンビニの「Amazon Go」などの取り組みも始まっている。無人配送など宅配インフラがさらに整えば、ECに代替される可能性もある。今後、社会インフラとしてのコンビニの存在意義も問われていくだろう。銀行ATM以降には目立ったイノベーションが起こせていないと言われている既存のコンビニが、新しいイノベーションを起こすにはどうすればいいのだろうか。

（「最強 「社会インフラ」 コンビニ大試練」 『日経ビジネス』2017年10月30日号をもとに
著者が作成）

コンビニの未来構想

小山｜第1講で学んだコンビニの新事業は、論理的なアプローチでの発想でした。競合他社との比較の中で自社の立ち位置を決めたり（ポジショニング派）、また自社の得意分野や強みで事業を考えました（ケイパビリティ派）。また、どちらに転ぶかわからない外部要因を抽出して軸をつくり、シナリオを検討する方法で自動車業界の未来を考えました（シナリオ・プランニング）。では、アブダクション的な発想法をやると、どのような違いが出るのでしょうか。未来からのバックキャストによって、改めてコンビニのビジネスモデルを考えてみます。

プロセスは次のようになります。

1｜ワールドカフェにより、2050年のコンビニの新規事業のイメージを共創する
2｜2050年のコンビニの新規事業を抽出する
3｜バックキャストして、今取り組むべき事業案をつくる
4｜30年ロードマップを作成する

ワーク1｜ワールドカフェにより、2050年のコンビニの 新規事業のイメージを共創する

今から、「ワールドカフェ」というやり方をみなさんに体験いただきます。これは、簡単に言うと、カフェのような雰囲気の中で雑談をしながらアイデアを出し合うということです。

ワールドカフェは、偶発的に生み出されました。屋外で行う予定だったセッションが雨で予定変更され、急遽、室内の小さなリビングルームで行

わないといけなくなりました。小さなテーブルをいくつか用意して、そこに模造紙をテーブルクロスのようにかぶせて、カフェのような雰囲気を作りました。そうして対話を行ったところ、すごく盛り上がったんです。テーブルクロスとして使われた模造紙には落書きのように対話がメモされ、途中で全体で共有もされました。その後、メンバーは別のテーブルに移り新たなメンバーで会話を継続していきました。誰もが積極的に議論に参加し、用意していた時間はあっという間に過ぎていきました。この方式を誰もが再現可能なようにフォーマット化されたのが「ワールドカフェ」というやり方です[44]。

　カフェですので、あくまでも雑談のようにしてください。ロジカルに詰めていくのではなく、対話を深めていきます。具体的には、さきほどの「イエス・アンド」のやり方で、相手のアイデアを否定することなく、そこに上乗せしていってくださいね。テーマは「2050年のコンビニ」です。2050年のコンビニはどうなっているかを自由に考えて、メンバーで対話をしながら模造紙の上に落書きのようにどんどん書いていってください。カフェの雰囲気を作るために、BGMもかけますね。では、スタート。

44　アニータ・ブラウン、デイビッド・アイザックス著、香取一昭、川口大輔訳『ワールド・カフェ　カフェ的会話が未来を創る』ヒューマンバリュー、2007年、pp. 17-18

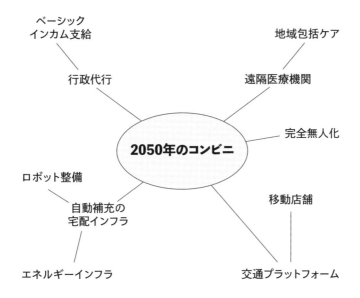

図表54 │ **ワールドカフェによる未来構想例**

ベーシック
インカム支給

地域包括ケア

行政代行

遠隔医療機関

完全無人化

2050年のコンビニ

ロボット整備

移動店舗

自動補充の
宅配インフラ

エネルギーインフラ

交通プラットフォーム

小山 │ では、一旦ストップしてください。さきほどのワールドカフェの説明は、実は半分だけでした。ワールドカフェの「カフェ」については説明しましたが、「ワールド」とは何でしょうか。これは「世界」という意味で、他のテーブルへの「旅立ち」というプロセスが組み込まれています。

　セッションが終わったら、テーブルに「テーブルマスター」をひとりだけ残して、他のテーブルに旅立っていただきます。旅立っていただくことで、新しいアイデアがシェアされ、議論も深まっていきます。これをアイデアの他家受粉と呼んでいます。アイデアをシャッフルするためにも、できるだけ全員バラバラに他のテーブルへ移ってくださいね。

図表55 | ワールドカフェの旅立ちにおける複雑な人の移動

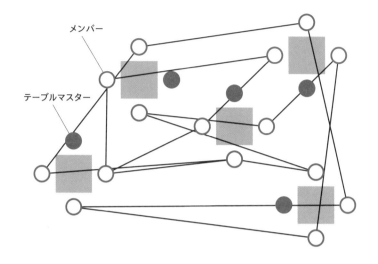

メンバー

テーブルマスター

小山｜移動しましたか。では、テーブルマスターは、これまでどのような議論があったのか、新しいメンバーに1分間で手短に説明してください。その後、メンバーは各テーブルで起こっていた議論を踏まえて、イエスアンドでアイデアを上乗せしていってください。もちろん、前のテーブルで出たアイデアを出しても構いませんが、できればそのテーブルの議論に合わせて、アイデアを発展させていってみてください。では、スタート。

（※グループワーク）

小山｜はい、止めてください。もう一度、「旅立ち」をしたいと思います。さきほどと同様、テーブルマスターだけを残して、移動してください。面白そうなテーブルに行ってもいいし、余白が多いテーブルに行ってもかまいません。移動は終わりましたか。では、議論をスタートしてください。

（※グループワーク）

小山｜それでは、最初のテーブルに戻ってください。当初からどれくらいアイデアが広がったのか、テーブルマスターから聞いてください。そこにさらに、ほかのテーブルで得たアイデアも加えてみてください。

図表55｜授業当日の模造紙の様子

ワーク2 | 2050年のコンビニの新規事業を抽出する

小山 | こうして2050年のコンビニのイメージが広がっていきました。未来のイメージの中から、新規事業のアイデアを抽出します。

　今、黄色い付箋を各チームにお配りしました。みなさんが出していただいたアイデアのうち、事業になりそうなアイデアを10個以上選んで、名前をつけて、付箋に書き込んで貼っていってください。事業の名前はできるだけ具体的に書くこと。たとえば、ヘルスケア事業や小売業などと大雑把に書いてしまうとアイデアが漠然としています。ですから、「こういった特徴のある○○事業」というように、細かく書いてください。

　2050年の事業ですから、ここではまだ突飛なものでいいですよ。常識を覆すようなアート的な思考をフル稼働してください。では、お願いします。

図表56 | **2050年の事業の抽出**

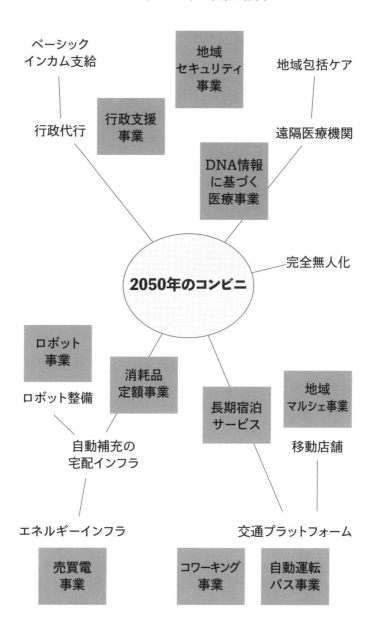

ベーシック
インカム支給

地域
セキュリティ
事業

地域包括ケア

行政代行

行政支援
事業

遠隔医療機関

DNA情報
に基づく
医療事業

2050年のコンビニ

完全無人化

ロボット
事業

消耗品
定額事業

ロボット整備

長期宿泊
サービス

地域
マルシェ事業

自動補充の
宅配インフラ

移動店舗

エネルギーインフラ

交通プラットフォーム

売買電
事業

コワーキング
事業

自動運転
バス事業

ワーク3 │ バックキャストして、今取り組むべき事業案をつくる

小山 │ こうして2050年に行っている事業をイメージしました。これらは、イーロン・マスクの宇宙事業、スティーブ・ジョブズの30年ロードマップで言えば次のような対応になります。

図表57 │ **バックキャストの位置づけ**

	30年後の未来ビジョン	将来事業・商品	バックキャストした事業
コンビニ	2050年のコンビニ	2050年の事業案	今年立ち上げる事業案
Space X	火星移住	惑星間移動事業	大陸間移動事業
1997年のApple	コンテンツがデジタル流通する世界	iPadなどのコンテンツ視聴デバイス	iMac

小山 │ これから、今挙げていただいた事業が2050年に成立しているとして、そこにつながる道筋として、直近にはどのような事業をやっているかを考えてほしいと思います。

たとえば、2050年に遠隔テレポーテーション事業を実現するとします。今すぐには実現はまったく不可能ですね。しかし一歩でも近づけるように動き出すには、まず自社での宅配事業から始めるかもしれません。また、VR・ARのエンターテイメント事業から始めることもありでしょう。あくまで今、

技術的にも事業的にも実現可能なアイデアに落とし込み、コンセプトシートを作成します。

　コンセプトシートとは、「商品・事業タイトル」「商品・事業説明」「説明用のイラスト」をA4サイズの紙1枚にまとめたものです。これをもとに最後、その事業のビジネスモデル・キャンバスを作成します。

図表58 │ **コンセプトシートの作成（例）**

商品・事業タイトル「バーチャルギフト事業」

商品・事業説明

バーチャルクーポンをデジタルで送ると、そのクーポンを使って近所のコンビニで商品を受け取れるサービス。既存のポイントシステムに、ユーザー間取引を加える。

ワーク4 | 30年ロードマップを作成する

　私は、普段いろいろな企業で新規事業提案制度の支援を行っています。そのとき、経営陣に新規事業の提案をすると、だいたい二通りの反応が返ってきます。ひとつは、事業があまりにも壮大過ぎて、「地に足のついた事業案を提案してほしい」というケース。もうひとつは、事業があまりに現実的すぎて、「事業に新鮮味がないし、夢がない」というケースです。経営陣は、「実現可能性」と「新奇性」という、ふたつの相反する要素を同時に求めているのです。

　このふたつはトレードオフです。実現可能性を優先すれば、新奇性はなくなりますし、新奇性を重視すれば実現可能性は低くなります。このトレードオフを避け、実現可能性も高く、新奇性も高い事業をどのように提案すればいいのか。これにはコツがあります。時間軸でこのふたつを分けるのです。数十年後のビジョンを語りつつ、そこからバックキャストして、来年の打ち手を提案する。こうすることで、説得力のある提案ができるようになります。

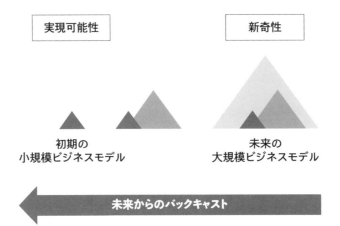

図表59 | **実現可能性と新奇性の両立**

シナリオ・プランニングとバックキャストの違い

　では、第5講で学んだシナリオ・プランニングと今回やっていただいたバックキャスティング、いずれも同じように未来から考えていく手法ですが、大きな違いを感じたと思います。どのような違いがあったか、シェアしていただきましょう。

L｜シナリオ・プランニングは、どちらかというとネガティブな要素を洗い出す用途があると感じました。たとえば、人口構造の変化とか、エネルギーの変化など、将来の変動リスクに合わせて、今やるべきことを考える。リスクマネジメントに近い。

　一方でバックキャスティングは理想の世界といいますか、あるべき姿からスタートしていくようなイメージがあったので、シナリオ・プランニングのように制約については考えません。シナリオ・プランニングとバックキャスティング、どちらが優れているというものではなく、両方やらなければならないのかなと感じました。

小山｜ありがとうございました。シナリオ・プランニングは、意思決定するのとどのような制約があるのかという話から入っていきます。しかし、バックキャスティングは、むしろ制約をなくして考えるわけです。発想の仕方がまったく異なるアプローチですね。ほかにありますか。

M｜シナリオ・プランニングは、「危機感」がキーワードになっています。会社を存続させるためにマイナスの要素をどのように解消していくかというイメージが強かったです。逆にバックキャスティングは、ワクワク感があるので、プラス方向に発展させるためにはどうしたらいいかという感覚がありました。

小山｜そうですね。やはり、それぞれ用途が異なりますし、効果も異なります。最後にもうひとり聞いてみましょう。

N｜シナリオ・プランニングは、不測の未来に備えることが目的ですから、環境変化に順応するために何をすべきかを考えています。バックキャスティングは、自分で未来を描くようなイメージです。

小山｜シナリオ・プランニングは、徹底的に外部環境の変化をPEST分析していくところからスタートします。自分たちの希望ではなく、外部環境の変化に対応するわけです。ところが、バックキャスティングは、自分たちはこうしていこうと、主体的に未来を作りだしていきます。

　バックキャスティングの部分でもうひとつ、「共創」というキーワードをお伝えしておきます。文字通り、共に創る。あるいは、何もないところから、みんなが活発にコミュニケーションすることによって突然生み出される。前半でやっていただいたビジネスインプロのワークでは、「想定外の発見」というハプニングを起こし、それを否定するのではなく乗っかることでアイデアを深めていただきました。なぜこれをやったかと言いますと、まさにそのハプニングからさまざまなものを生み出すためでした。

　一方、シナリオ・プランニングはバックキャストに比べると分析的で、ひとつひとつロジックを積み上げていきます。シナリオをつくるとき、起承転結で語るようにしましたね。こうした展開でシナリオをプレゼンすると、周囲は納得しやすいんです。しかし、必ずしも多くのメンバーで共創する必要はありません。なんなら一人でも実践できます。

　さて、このようにバックキャスティング、ワールドカフェのワークをやると、現在行っている打ち手の意味も見えてくるというメリットもあります。たとえば、2017年にセブンイレブンが自転車シェアリングをやると発表しました。こういったニュースを聞いたとき、普通の人だったら「ビジネスとして考えると、自転車シェアリングなんか儲からないんじゃないか」と考えるかもしれません。でも、今のみなさんだったら「将来のモビリティサービスに向けて手を打っているんだな」と見ることができるでしょう。ローソンも介護相談窓口を併設した「ケアローソン」を始めました。収益性だけを見ると、まだ大したことのない事業のように感じます。しかし、みなさんだったら、これがどういう意味があるのか、その戦略上の意図がわかるはずです。

　このように、現在の打ち手の意味というのは、未来から見ないと見えてきません。ただ目の前のことに対症療法的に対応していると、ビジネスモデルがどのように展開していくべきなのかという構想は生まれません。戦略や

構想というのは、常に未来から現在を見る視点から浮かび上がってくるものなんです。

バックキャストした現在と未来をつなぐ

小山│未来からバックキャストすることによって発想を広げるアプローチを体験していただきました。イノベーションを起こすために必要なアブダクションによる推論やそのトレーニングであるイエス・アンド。それらをグループの共創というかたちで実践するワールドカフェは、私自身、さまざまな場面で行ってきた実践的な取り組みです。

　ただし、これだけだと、重要なピースがひとつ欠けている状態になっています。それは、バックキャストによって出された事業アイデアが、本当に未来の事業構想につながるのかというロジックが、十分でないということです。SpaceXが立ち上げようとしている大陸間移動の旅客サービスが、本当に火星移住計画へとつながるのか。Appleが出したiMacがiPod、iPhoneといった未来のデバイスの開発へとつながるのか。そのロジックについて、ご紹介したいと思います。

　実は、現在の事業が未来の構想へとつながるための、ビジネスモデル内の強力なロジックがあります。それをどう組み込んでいくのか。それを見ていきます。

ECサイトのビジネスモデル

　ZOZOは、アパレルを中心としたECサイト「ZOZOTOWN」を運営している。EC市場が広がるなかで、従来ネット販売がそぐわないと言われていたアパレル分野に参入し、ユーザーインターフェイスの使いやすさや品揃えなどから、カテゴリーキラーとして順調に業績を伸ばしていた。しかし一方で、Amazonもその成長速度は落ちることなく、もはや規模の点で追いつけるような相手ではなかった。ECの分野ではAmazon一人勝ちの様相を呈してきた。

　ZOZOが競合しているAmazonの、EC分野における強みは3つあるように思えた。まずは圧倒的な品揃えである。書籍から始まった事業が軌道に乗るとすぐにおもちゃの取り扱いを始め、その後、家電製品やアパレル、食品まで取り扱うようになった。

　第二に、その配送サービスの充実も特筆すべきものだ。朝早く注文すれば当日のうちに配達されるし、Prime Nowというサービスを使えば、最短1時間以内に届けてもらうことも可能である。こうした配送システムは、一朝一夕には真似できないほど高度なものとなっている。

　三点目はECサイトとしての完成度だ。ワンクリックで注文できるシンプルなユーザーインターフェースは使い方に迷うことはないし、また購入のビッグデータを活用した検索システムも、相当高度な技術が使われていることに疑いはない。欲しい商品名を入力して検索すると、ほかに検討すべき似たような商品が並び、簡単に比較検討ができるのである。Amazonのこうした最新技術への投資額は桁違いであった。ZOZOも体型を正確に計測するスーツ「ZOZOSUIT」などを投入して技術優位性で先行しようとしたが、失敗に終わった。

　こうしたAmazonの躍進に対して、モール型という異なるビジネスモデル

をもつ楽天市場はどのように対抗しているのだろうか。楽天カードなどの金融サービスや楽天スーパーポイントなどのポイントサービス、楽天Payなど決済サービスは充実している。代表の三木谷氏がいう楽天経済圏は広がっているものの、品揃えや配送、検索などの点では遅れを取っているようにもみえる。

　Amazonと楽天は、ショッピングサイトとしては同じようなサービスを提供しつつも、本質的なビジネスモデルや競争戦略は、大きく異なっていた。Amazonの死角はどこにあるのだろうか。楽天はどのような戦略を進めているのだろうか。そのなかでZOZOは、どのような生き残り戦略が可能なのだろうか。もしくは、規模の面で対抗するために、大手インターネット企業と経営統合するなどの戦略へと舵を切らなければならないのだろうか。その岐路に立たされていた。

図表60 | **ネット販売実施企業上位10社（2019年）**

順位	社名サイト名	前期実績 EC売上高(百万円)	増減率(%)	自社	楽天	ヤフー	アマゾン	auワウマ	その他	EC化率(%)	今期見込みEC売上高(百万円)	主要商材	決算額
1	◎アマゾンジャパン amazon.co.jp	1,528,100	14.3	○						100	—	総合	12月
2	ヨドバシカメラ ヨドバシ.com	121,277	9.3	○						100	—	家電	3月
3	ZOZO ZOZOTOWN	118,405	20.3	○						100	136,000	衣料品	3月
4	◎ビックカメラ ビックカメラ.com	86,000	17.8	○	○	○	○	○	○	100	—	家電	8月
5	ユニクロ ユニクロオンラインストア	63,063	29.4	○						100	—	衣料品	8月
6	◎イオン	※62,000	—	○						100		食品	2月
7	上新電機 Joshinインターネットショッピング	※58,000	—	○						100		家電	3月
8	ディノス・セシール ディノスオンラインショップ・セシールオンラインショップ	受57,074	▲4.4	○	○	○	○			53		総合	3月
9	ジャパネットたかた ジャパネットセンカ	※57,000	5.9	○		○				28		家電	12月
10	千趣会 ベルメゾンネット	※55,000	—	○	○	○	○		○	67		総合	12月

出典：『月刊ネット販売』2019年10月号

絶え間ない進化のための「自己強化ループ」

小山｜最後のセッションに移りましょう。かんたんな質問からスタートします。Amazonでよく買い物をする方は手を挙げてください。ああ、ほぼ全員ですね。圧倒的シェアです。では、プライム会員になっている方はどのくらいいますか。8割くらいですね。ありがとうございます。ちなみに、楽天でよく買い物をする方はいますか。なるほど、かなり少ないですね。この教室の中では、Amazonと楽天の比率は9対1くらいです。ありがとうございました。

　Amazonはもはや一人勝ちをしているといっても過言ではありません。資料にもある通り、Amazonの2019年の日本事業の売上高は約1兆5000億円でした。2位はヨドバシカメラで売上高は1200億円ありますが、Amazonの10分の1以下ですね。ただ、もっと困ったことがありまして、Amazonの成長率がいまだに14%あるのに対し、ヨドバシカメラは9%。これでは差は広がる一方です。

　しかし、ビジネスモデルそのものを見ても、それほど特徴的なものではありません。ビジネスモデル・キャンバスで描いてみますが、これはAmazonでもヨドバシカメラでもそれほど大きな違いはありません。

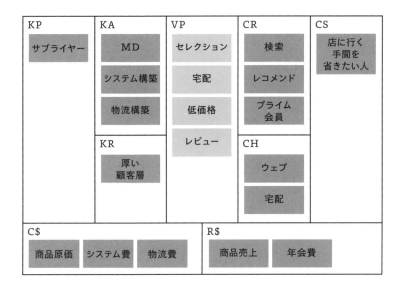

図表61 **Amazonのビジネスモデル**

KP	KA	VP	CR	CS
サプライヤー	MD	セレクション	検索	店に行く手間を省きたい人
	システム構築	宅配	レコメンド	
	物流構築	低価格	プライム会員	
	KR	レビュー	CH	
	厚い顧客層		ウェブ	
			宅配	

C$			R$	
商品原価	システム費	物流費	商品売上	年会費

小山｜では、なぜAmazonは一人勝ちしているのでしょうか。

L｜買いたいときに買いたいものが揃っているから。

小山｜そうですね。ひとつ目は、品揃えが非常に豊富であることです。これはどこにも負けていません。ほかにもいくつか言っていただけますか。

L｜配送が早い。Amazonプライムに入っていると、配送料金も無料です。

小山｜配送の利便性は、他社を圧倒していますね。

L｜それから、自分の購買履歴からオススメを表示してくれる。

小山｜レコメンデーションですね。これは、明確にオススメするレコメンデーションもあれば、検索した商品と同じ価格帯のものを瞬時に表示することもできます。非常に高度な検索エンジンです。ほかにありますか。

M｜莫大な投資を惜しまず続けているところ。守りに入らず、攻め続けているところだと思います。

小山｜はい。だから、隙がないんでしょうね。他社が追いつこうと思っても、と

てもじゃないけど追いつけない。

　Amazonのジェフ・ベゾスCEOが描いた、有名なナプキンメモをご紹介します。これがAmazonの強さを象徴的に示していると言われています。この図は同社内でも共有されている内容です[45]。

図表62 │ **ベゾスのナプキンメモ**[46]

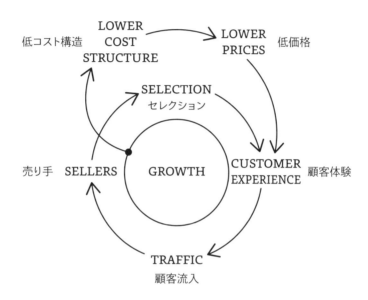

　顧客体験が向上すると、さらにAmazonのサイトに顧客が訪れトラフィックが増えます。こうしてトラフィックが増えると、今度はAmazonで販売したいという企業が増えてきます。そうすると、商品ラインナップが増えていき、それがまた顧客体験をより良いものにしていきます。

45　この着想にたどり着いたのは、どうやら2001年のころ。『ビジョナリー・カンパニー』などの著書で有名なビジネスコンサルタント、ジム・コリンズを招いての経営陣、取締役による社外研修の中で、「偉大になれる分野」を特定し自己強化する循環を見つけることが重要だと指摘された。その結果、この結論にたどり着いた。（ブラッド・ストーン著、滑川海彦、井口耕二訳『ジェフ・ベゾス　果てなき野望―Amazonを創った無敵の奇才経営者』日経BP、2014年、p. 178）

46　Amazon「Amazonについて」https://www.amazon.jobs/jp/landing_pages/about-amazon（最終閲覧日2020年5月12日）

Amazonは最初、書店からスタートしたのですが、そこにとどまることは考えていませんでした。収益が上がって手応えを感じると、今度は雑貨を売り始めるというように、どんどん商品のラインナップを増やしていったのです。1994年創業のAmazonから少し遅れて、1997年に書店チェーン大手のバーンズ・アンド・ノーブルがECに参入するのですが、彼らは書籍販売がメインであり、商品ラインナップ拡大のスピードはAmazonが圧倒的に速かった。この時点でビジョンが大きく異なるわけですね。さらにセレクションが増えていきますと、ますます顧客が満足し、販売業者も増え、セレクションはますます増えていく。

そしてもうひとつ重要なのは、セレクションが増えて事業が成長するほど、規模の経済が働いて全体のコストを下げることができるという点です。これはウォルマートの戦略を参考にしていると言われています。ジェフ・ベゾスはウォルマートに対してライバル意識を持っており、同時にリスペクトもしています。1997年にはウォルマート幹部を引き抜き、最高情報責任者に据えています。Amazonの初期はウォルマートのEDLP（Everyday Low Price）戦略を真似ていて、現在のようにプライム祭のような安売りキャンペーンはやっていませんでした[47]。当時はとにかく、常に低価格で販売し、顧客体験を向上させていく。このようなサイクルを他社より速いサイクルで回していけば絶対追いつかれないと考え、愚直に積み重ねていったのです。

その一例をご紹介します。Amazonは2011年に家電で攻勢をかけました。たとえば、同年10月に12万円の価格だったDVDレコーダーが、11月には6万円強まで値下がりしました。しかもこの価格は、納入価格よりも安いんです。赤字で売っているということですね。その後も戦略的に価格をどんどん下げていき、最終的には4万円近くまで下げたのですが、この

47　ベゾスは循環の図とおなじころ、このアイデアにたどり着き、その後何年にもわたり、次のように語っていたといいます。「小売店は2種類に分けることができます。どうしたら値段を高く設定できるのかを考えるお店と、どうしたら値段を下げられるのかと考えるお店です。我々がめざすのは後者です」。（ブラッド・ストーン前掲書、p.178）

時点でも納入価格は5万円くらいです。

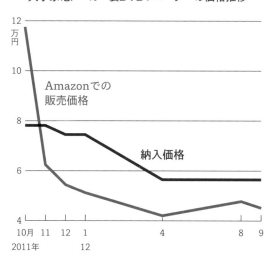

図表63 | **Amazonによる家電参入**[48]

販売価格が納入価格を下回る
大手家電メーカー製DVDレコーダーの価格推移

このような戦略的商品をいくつもラインナップに加えておき、顧客満足度を高めます。当時、電機メーカーの社員はAmazon側から、「赤字額が販売価格の10%で済む納入価格にしてほしい」と交渉を持ちかけられたという話もあります。Amazonとの商談でしか出てこない交渉ですよね。

結果的に、この戦略は大成功でした。Amazonで家電を購入することがユーザーの行動として一般的になりましたし、大量に売れることから翌年以降は大量仕入れができるようになりました。すると仕入れ値が下がり、価格はもっと下げることができます。以降もAmazonは戦略的商品群に対して赤字覚悟でどんどん販売して、規模を拡大させていったのです。

48 日経ビジネス「家電量販、「Amazon価格」に怒り」https://business.nikkei.com/article/NBD/20121113/239389/、2012年11月14日（最終閲覧日2020年5月13日）

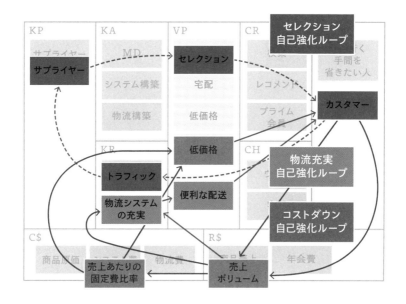

　こういったサイクルを「自己強化ループ」と呼びます[49]。上の図を見なが
ら聞いてください。カスタマーが増えると、トラフィックが増えて、サプライ
ヤーが増えて、セレクションも増えてゆく。これが「セレクションの自己強
化ループ」になります。

　カスタマーが増えるとボリュームが増えるので、低価格での提供が実現
できます。こちらは「コストダウンの自己強化ループ」ですね。それから、
カスタマーが増えることで売り上げが伸び、物流システムが充実して、便

49　システム思考においては、現象を促進、増強する自己強化型のループと、現象にブレーキをかける
　バランス型のループというふたつの基本構成要素によって、世の中の現象の背後にある構造を捉
　えます。このふたつが組み合わさって、システム原型を構成することになります。（ピーター・M・セ
　ンゲ著、枝廣淳子、小田理一郎、中小路佳代子訳『学習する組織──システム思考で未来を創造す
　る』英治出版、2011年、p.136-150 ）ビジネスモデルもひとつのシステムです。ビジネスモデルを静
　態的ではなく動態的なシステムの動きを把握することが重要です。

利な配送ができるという「物流充実の自己強化グループ」。Amazonのビジネスモデルは、強くなるほど利用客が増え、さらに強くなってゆくというさまざまな自己強化ループが組み込まれているのです。

第2講で、「ビジネルモデル構築 3つのレベル」について解説しました（90ページ参照）。ビジネスモデル・キャンバスはレベル1の「チェックリスト」だけではなく、レベル2の「ストーリー」によってやりたい事業や価値創造の仕組みを明確にし、事業構造をきちんと把握するツールにしなければならないという話をしました。そして、レベル3の「絶え間ない進化」は、構造が生成変化していくビジネスモデルということでした。Amazonでは自己強化ループというロジックによって、構造を進化させているのです。

自己強化ループを描くことの3つのメリット

このように自己強化ループを描くことは、ビジネスモデルを理解するのに役立ちます。ここでは3つのメリットを指摘しておきたいと思います。

まず、先行者優位を確率できることがあげられるでしょう。たとえば、セブン＆アイが提供するECサイト「オムニ7」を見てみましょう。Amazonに匹敵するサイトを作ろうということでリリースされたサービスです。だから、オムニ7を見ると、トップページから商品ページまで、Amazonと酷似しています。

セブン＆アイは、成功した他社を模倣するフォロワー戦略が非常にうまいといわれています。たとえば、ファミリーマートの「ファミチキ」の売れ行きが好調だと知ると、すぐに「ななチキ」を発売しました。さらに、早い段階でバージョンアップした「新・ななチキ」の販売をスタートし、おいしくなったと話題を呼んでいます。このように他社がやった事業を見て、成功しそうだと思ったらすぐに真似る。いわゆるフォロワー戦略です。

セブン&アイはECサイトでもフォロワー戦略を打ち出しました。ところが、オムニ7の商品ページを見ますと、レビューは極めて少なく、ユーザーから見ると比較検討ができません。しかも閲覧者の少ない一部の商品では、レコメンデーションにまったく無関係の商品が出てきます。

Amazonの場合はシステムの精度が非常に高く、どんな商品であっても的確にオススメ商品を提示します。Amazonはこれまでの膨大な購買情報というビッグデータをもち、レコメンデーションの技術開発に対する莫大な投資をしていますから、他社はすぐにキャッチアップできないのです。日本における流通の王者であるセブン&アイでさえも真似できません。

自己強化ループを組み込むことで、圧倒的な先行者優位が確立されているのです。これが自己強化ループを描くことの、ひとつ目のメリットです。

ところで、ライバルである楽天の自己強化ループはどのようになっているでしょうか。こちらも見ていきましょう。

図表65 | **楽天の自己強化ループ**

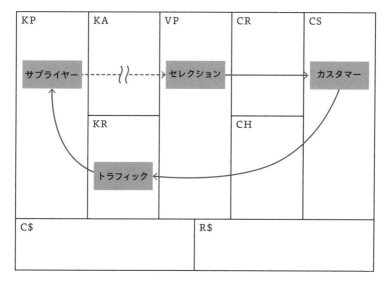

カスタマーが増えて、トラフィックが増えて、サプライヤーも増えていく。ここまではいいんです。ただ残念ながら、ここからセレクションが増えるというループにはなかなかならないんですよね。なぜかというと、楽天はモール型のビジネスモデルなので、売り手である出店者がどの商品を販売するか決めています。そのため、売れないものは引っ込めてしまうため、ある一定規模まで行くとセレクションが増えないのです。事実、年間ランキングには似たような商品が並んでしまっています。一方でAmazonの場合は、自分たちでも仕入れを行いますので、売れない商品でもロングテールの収益を狙って販売し続けることが可能です。

　楽天は実は、セレクション強化に注力するAmazonとは違う自己強化ループによって、ビジネスを勝ち抜こうとしています。さきほど楽天を使っているという方いらっしゃいましたよね。どのような理由で使っていますか。

N｜楽天にしかないものがあって、それを買うために使っています。

小山｜確かに。食品系は楽天のほうが強いですよね。他にありますか。

O｜ポイントがたまりやすい。出張なども楽天トラベルを使っていたらどんどんポイントが貯まります。

小山｜ポイントは大きいですよね。ちなみに楽天カードには加入していますか。

O｜はい、加入しています。

小山｜まさに、それが楽天の戦略です。利用客にポイントを付与し、カードに加入してもらい、リピート購入を促し、プロモーション費を増やしていく。この「会員獲得の自己強化ループ」で勝負するビジネスモデルなのです。

図表67 | 楽天の隠れた自己強化ループ

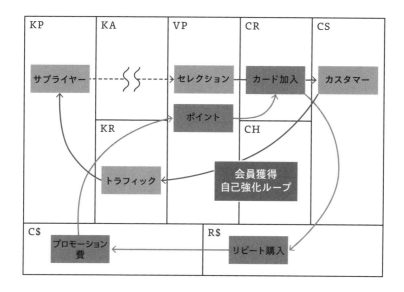

　ということは、楽天は一見Amazonのライバルのようですが、実はもはや直接の競合とは言えないのです。ポイント制度による囲い込み戦略を考えますと、むしろ、Tポイントやnanaco、Ponta、さらにはPayPayやLINE Payなどのポイント、決済エコシステムがライバルだと言えますね。

　このように、ビジネスモデルが似通っていても、自己強化ループを描くことで戦略が見えてくるわけです。自己強化ループを描くことのふたつめのメリットが、競争戦略を明確化できることです。

　よく、中期経営計画の策定をする際、その計画が現場になかなか理解されないというケースを見ます。それはなぜかというと、計画の中にこの自己強化ループが描かれていないからです。Amazonのように、「我々はこのループで勝つんだ」という明確かつシンプルな戦略が共有されていたら、社内全員がそこに特化して進んでいけたでしょう。勝ち筋が描けていない中期経営計画を立てるから、現場でも何をやったらいいのか分から

第**4**章｜実況中継編──ビジネスモデル

227

ず、混乱してしまうのです。戦略とは、誰もが共有できる自己強化ループを描いて共有することなのです。

　最後のメリットは、スケールする戦略を描けるということです。Amazonは世界最大の書店からスタートして、なんでも扱うスーパーストアになり、今やショッピングのみならず、Kindleやプライムビデオのようなあらゆるデジタルコンテンツの流通プラットフォームになっています。自己強化ループが組み込まれていたからこそ、実現できたのです。

　さきほどの講義で未来からのバックキャスティングを体験するワークを行いました。バックキャストが未来から現在へのベクトルだとすると、自己強化ループは現在から未来へのベクトルです。未来からのバックキャストにこの自己強化ループを組み合わせることで、より一層、事業に説得力をもたせることができるでしょう。

図表68 | 自己強化ループを組み込むメリット

> 先行者優位を確立できる
> 競争戦略を明確化できる
> スケールする戦略を描ける

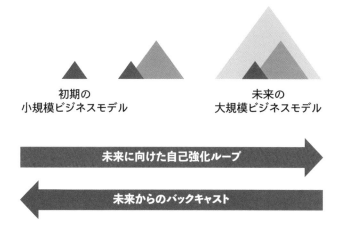

図表69 | **現在と未来を結ぶふたつのベクトル**

初期の
小規模ビジネスモデル

未来の
大規模ビジネスモデル

未来に向けた自己強化ループ

未来からのバックキャスト

　振り返ってみると、第5講のシナリオ・プランニング、第6講のバックキャストと自己強化ループはいずれも、ビジネスモデルを動態的に捉えるためのアプローチでした。ビジネスモデルは、モデルという言葉はついていますが、決して静態的なものではありません。生き物のようにつねに動いています。そのビジネスモデルを、シナリオや時間軸、そしてシステム的に捉えることで、その生成変化を捉えてきました。

　最後に、第2講で触れた「競争優位の階層」について、戦略ストーリーのレベルを改めて説明したいと思います。これはまさに自己強化ループのような好循環を突き進めるときに生まれる競争優位です。持続的優位の源泉に「一貫性・相互効果」とありますが、これが自己強化ループなんです。顧客が増えれば売り手が増えて、ラインナップが増えて、また顧客が増える。取引が増えればビッグデータが増えて、レコメンデーションが精巧になり、さらに顧客が増えて取引が増える。こうした好循環による競争優位が、戦略ストーリーです。レベル4のクリティカル・コアに比べると少しレベルは下がるものの、一人勝ちしていくための大きなポイントになることを覚えておいてください。

	競争優位の種類	持続的優位の源泉
レベル4	クリティカル・コア	動機の不在 意図的な模倣の忌避
レベル3	戦略ストーリー	一貫性・交互効果
レベル2	組織能力	暗黙性
	ポジショニング	トレードオフ
レベル1	業界の競争構造	先行性
レベル0	外部環境の追い風	

以上で、第6講を終わります。これでビジネスモデル構築に関する基礎は、しっかりと押さえられたのではないかと思います。ビジネスモデルというのは、さまざまな要素が関連したひとつの構造であり、直接目に見えません。しかしそこから価値提案や経営戦略、競争優位や企業文化などが生まれてきます。どのような構造からそうしたものが生まれてくるのか、そうした構造をどのように生み出していくのかについて、ケースとフィールドを通じて繰り返し検討してきました。

　構造を取り扱うことができれば、ビジネスを俯瞰して眺めることのできるビジネスリーダーとして、きっと大活躍できると思います。みなさんの活躍を期待しています。ありがとうございました。

Epilogue

おわりに

栗本博行

名古屋商科大学 理事長

正解のない問いに向き合うMBA教育

MBAの教室ではよく極端な質問が投げかけられる。たとえば、「あなたがケースの主人公なら、部下から打ち明けられた15年前の不正取引を公表しますか? それともそのまま黙殺しますか?」といった問いである。無論、そこに絶対的な正解 「The Answer」はない。

そもそもビジネスにおける正解とは何かを考えれば想像がつくと思うが、誰しも自分の行動を 「正しい」と信じて決断しつつも、後日になって別の選択肢に心が揺らぐことなど日常茶飯事である。決断力や判断力というものは、絶対的な正解や正義を前提にしてしまいがちだが、微妙に状況が異なれば結論は変わるものである。そう考えると、MBA教育が目指すべきは、「正解」そのものや 「正解」を探す能力を高める場ではなく、失敗を恐れない、もしくは失敗から学ぶ 「姿勢」を身につける場と言い換えてもいいだろう。

本書籍シリーズはアジアにおけるマネジメント領域の教育研究の拠点として名商大ビジネススクールが取り組む 「私立大学研究ブランディング事業」の成果報告として執筆するものである。今回はその第一弾として、ヒト (リーダーシップ)、モノ (経営戦略とマーケティング)、カネ (行動経済学)、およびチエ (ビジネスモデル)の4つの視点での構成とした。

いずれもMBAの必須科目であると同時にマネジメント教育の先端領域でもある。類似の書籍も存在するが、それらの多くは経営コンセプトの 「解説書」であり、いわゆる座学の域を出ていない。本書籍シリーズが目指しているのは、MBA候補生がケースメソッドと呼ばれるダイナミックな学修を通じて次世代のリーダーとして成長する姿を追体験する点にある。まずはご協力いただいた教授陣のみならず参加者の方々や事務局スタッフの方々にもこの場をもって厚く御礼申し上げたい。

前述のように、MBA教育とは、経営学に関する専門知識や能力獲得

の場ではなく、リーダーの内面に宿る姿勢そのものを育む場であるべきだ。最新のケースや流行の理論を追いかけることを慎みつつ、高等教育機関がそして研究者が教室内でいかに「理論」と「実践」のバランスを保つべきか？本学はその問いに向き合う中で「ケースメソッド」と出会った。

　質の高いマネジメント教育を追求するうえで「参加者中心型」の討議を行うケースメソッド以外の教育手法を否定する意図はないが、教科書片手に教員の自説が朗々と解説される教室で優れたリーダーが育つ状況を想像し難いのは私だけではないだろう。事実、100年以上の長きにわたり世界中のリーダー教育で愛され続けてきたこの教授法を追求する過程で、数多くの素晴らしい研究者と出会い有意義な出来事を経験した。本書はこうした取組の一端を少しでも多くの方々に触れていただける機会を提供するものである。

誤解だらけのMBA教育

　MBA教育とはリーダー教育であり、いかに優れたリーダーを育成するかが世界中のビジネススクールに与えられた永遠の課題である。一方で、MBAの入試面接の場で「経営の知識」を求めてMBAの扉を叩く志願者に幾度となく遭遇する。もし経営の知識を手に入れたいのであれば、MBAという2年間の学修期間よりもはるかに短期間で確実かつ安価に達成可能な別の方法をお薦めしたい。私たちが理想とするMBA教育とは、不確実かつ限られた情報で苦渋の決断を下す経営者の意思決定を追体験しながら、リーダーとしての姿勢を高める場所である。

　その前提での話題となるが、「ビジネススクール＝MBA教育」という単純な話ではない、という点をまず明確にしておきたい。多くの方々がMBAと聞くと、名だたるリーダーを育成してきたHarvard Business School（以下、HBS）を想起するだろう。しかしながら、HBSは大学院課程と非学

位課程の社会人教育に焦点を当てており、それはビジネススクールとしてのひとつの形態である。ビジネススクールとはマネジメント教育に関する学士課程、修士課程、博士課程、および非学位課程を提供する高等教育機関であり、… School of Business、もしくは、… School of Managementとして活動する形態が一般的である。たとえば、HBSから徒歩圏に位置するMIT Sloan School of Managementなど多くの名門ビジネススクールは学士課程から博士課程まで幅広い参加者を対象としたマネジメント教育を提供している。

表1│ビジネススクールが提供する学位の基本類型

	学士課程	修士課程	博士課程
研究志向	BSc	MSc	PhD
実践志向	BBA	MBA	DBA

　学位の視点で整理すると、世界のビジネススクールでは経営学に関する学士号（BSc/BBA）、修士号（MSc/MBA）、および博士号（PhD/DBA）を授与しているのが通例である。そして少し乱暴ではあるが、それらの教育課程は「研究志向（BSc/MSc/PhD）」と「実践志向（BBA/MBA/DBA）」に区分可能で、前者は学術色の濃い研究者養成型であり、対する後者は実践色の濃い実務家養成型である。さらに、育成する人材像に応じて参加要件としての実務経験を設定する場合が多く、10年程度[i]の実務経験を必要とするExecutive MBA、5年以上の実務経験を必要とするDBA[ii]、3年以上の実務経験を必要とするMBA[iii]、そして実務経験を必要としないPhD、MSc[iv]、BBA、およびBScとに区分される。

　領域の視点で整理すると、MBAは実践的なマネジメント教育を網羅的に提供する場であるのに対して、MScは特定領域における専門教育を体系的に提供する場と定義できる。したがって、MBAは組織全体を俯瞰した意思決定を行う人材の養成を目的としているのに対して、MScは企業の特定領域（例えば財務、会計、金融、生産、流通、税務、販売、および経営分析な

ど）における高度な専門知識を有する人材の養成を目的としており、学位名称も領域名を付与して表記（例、MSc in Finance）するのが通例である。

　最後に、期間の視点で整理すると、大学院は2年間（欧州では1年から1.5年）の学修期間を要する学位課程と、数日間から数ヶ月間といった短期間で完結する非学位課程とに分類可能である。後者は多忙な管理職を対象に特定領域の話題に焦点を当てた授業が集中講義形式で行われることが多く「Executive Education」として提供されている。非学位課程とはいえ学位課程の担当教員が教鞭をとる場合や、ビジネススクールが正式に提供する教育課程である事を示すために、履修証明書（Certificate）が付与される場合が多い。ちなみに、あまり知られていない事実だが、MBAランキング上位校ほど、非学位課程によるリーダー教育が財政面における大黒柱となっている傾向にある。

　以上の議論を踏まえると、いったい何を基準にMBAという「学位」に相当する教育課程とみなせるのか、その境界線は実際のところ不明瞭であり誤解も多い。国内ビジネススクールでこうした点を正確に理解して教育課程を展開している大学は、残念ながら少数派と言わざるを得ない。経営系のコンテンツを扱っていれば、とりあえず「MBA」と称する怪しげな基準に基づいたMBAが巷に溢れかえっているのが実情であり、国際的な基準で学位の品質を評価し認証する仕組みの重要性は高まっている。

---

i　Executive MBAの参加要件については明確な基準は存在しないが、MBA（実務経験3年以上）と区分するために実務経験10年程度に設定されることが一般的である。

ii　国際認証機関Association of MBAs（AMBA）が定めるDBA criteria for accreditation 5.3に基づく。

iii　DBA同様にAMBAが定めるMBA criteria for accreditation 5.3に基づく。

iv　マネジメント領域を体系的に扱う場合の学位はMaster of Science in ManagementとなりMScM/MIM/MSMと略されることが多い。

名商大ビジネススクールの教育

　次に名商大ビジネススクールの母体となる名古屋商科大学の生い立ち
を簡単に紹介する。

　創立者の栗本祐一氏はアルバータ大学で教育を受けて「Frontier
Spirit」を胸に帰国後、1935年に名古屋鉄道学校を創立。鉄道事業と
いう当時の国家的インフラ事業に貢献する人材育成の一翼を担った。しか
し戦争で全てを失い、食べる物も、着る物も、住む場所も失った焼け野
原を見て、商業で日本経済を支える人材を育成することを決心。関東の
東京商科大学（一橋大学）、関西の神戸商業大学（神戸大学）に対応し
て「商科大学」不在の中部地区に、名古屋商科大学を設立（1953年）
した。その後、名古屋商科大学は社会人教育を確立するための第一歩
として大学院を設立（1990年）して、伝統的な欧米ビジネススクールとの
提携交流を通じながらリーダー教育の理想型を模索し続けてきた。

　そして、本学の教育の方向性を決定づけた出来事はカナダに拠点を
持つIVEY Business School（以下、「IVEY」）との出会いと国際認証へ
の挑戦であった。IVEYはカナダのオンタリオ州西部のロンドン（人口30万
人）に位置する教員100名規模の国際認証校であり、世界的にも高い評
価を有する高等教育機関である。本学が教育課程の開発においてIVEY
に注目したのは、大学院教育のみならず学部教育においてもケースメソッ
ドでマネジメント教育を展開して、さらには先進的な社会人教育を香港で
も展開していたためである。ちなみに、私がIVEYの香港校を訪問して最
も印象的だったのは、一年次の教室サイズよりも二回り小さな二年次用の
教室であった。なぜ教室サイズが異なるのか?という私の問いかけに対して
「全員が二年次に進級できるほど甘くはない」と微笑んだ責任者の顔は
今でも鮮明に記憶している。

名商大ビジネススクール小史

1990 | 大学院修士課程として設置認可
2000 | 社会人を対象とした教育課程の拡充開始
2002 | ケースメソッドを全面採用
2003 | Executive MBA開設
2005 | 英語MBA開設
2006 | AACSB国際認証取得
2009 | AMBA国際認証取得
2015 | ケースメソッド専用タワーキャンパス完成
2018 | ケースメソッド研究所設立
2018 | オンラインでの遠隔ディスカッション授業開始
2019 | 日本ケースセンター運営開始

学部でも活用されるケースメソッド教育

　MBA教育に参加するためには実務経験を有することが望ましいが、ケースメソッド教育に参加するために実務経験が必要という意味ではない。事実、前述のIVEYのみならず学部教育においてケースメソッドを採用しているビジネススクールは世界に数多く存在している。特に学部版MBAともいえるBBA（Bachelor of Business Administration）は米国、カナダ、フランス、香港では人気の教育課程として知られ、ケースメソッドで授業が提供される場面が多い。

　名古屋商科大学は長年のMBA教育で培った教育手法を学部教育に展開すべく、国内で初の試みとしてBBA（日本語）とGlobal BBA（英語）を提供している。教養科目から専門科目まであらゆる授業にケースメソッドを適用するにはいくつかの工夫が必要となるが、原理原則はMBAと同一である。80名の学部生が授業前にケースを「予習」して、教員の問い

かけに対して一斉に「挙手」して発言する姿は鳥肌ものである。思わず学生時代を振り返って、果たして当時の自分にあれが出来ただろうか?と自問自答してしまう。

　こうした本学の実践例を別にすると、国内でケースメソッドを採用しているのは一部の経営大学院と企業内研修においてのみである。今後は学部教育課程や高等学校教育課程においてもアクティブラーニングと呼ばれる参加者中心型の「学修手法」を実現する「教育手法」として浸透することが期待される。この領域は無理、この人数は無理、実務経験がないと無理……などといった形で、教員がケースメソッドに拒否反応を示す数多くのパターンを見てきたが、それは決められた流れで授業を「安全運転」したがる教員側の反射的な反応である。しかしながら、学問領域がその教育手法や研究手法を決定する事はない。

ビジネススクールに対する批判

　マギル大学（McGill University）の経営学者ミンツバーグ教授（Henry Mintzberg）が『Managers Not MBAs（邦訳：MBAが会社を滅ぼす）』においてマネジメントとは本来、クラフト（経験）、アート（直感）、サイエンス（分析）の3つを適度にブレンドすべきであると主張し[v]、サイエンスに偏りすぎたマネジメント教育に対する警鐘を鳴らしたことは知られている。サイエンス偏重の教育でまともな管理職育成ができるのか?という主張である。また、ミンツバーグの批判と表裏一体の存在が「MBAランキング」である。誤解を恐れずに表現するならば、MBAランキングとは「費用対効果ランキング」であり、MBAランキングの代表格であるFTランキングは、調査項目全体に占める卒業生の年収関連項目の比率が40％を超え、教育ROIすなわちValue for moneyか否かという点を重視している。当然ながら授業料を早期に回収可能な「ホット」な業界に修了生を送り続けるインセン

ティブがビジネススクールに対して働き、MBA教育はコンサルタントと投資銀行家を育てる「花嫁学校」とまで揶揄されたことがある。

　同時に彼はケースメソッドに関しても『ストーリーとしてのケース、経験の記憶としてのケースは役立つ場合もあるが、そのためには歴史的経緯を含めて、複雑な現実を尊重することが条件になる。ケースメソッドは実体験を補足するものであって、実体験の代用品になるものではない』と注文をつけている。リアルなシミュレータ訓練だけでライバルに勝てるほど現実社会のレースは甘くない。スポーツでの敗北はビジネスでは倒産を意味する。多くの経営者が、判断力、決断力、行動力よりも「このままでは倒産するかもしれない」という恐怖を感じる感性こそが「経営力の源泉」と振り返ることが多いが、果たしてケースメソッドでそこまでの没入感を持った授業を展開できているだろうか？ 今一度、教員も自問自答する必要がある。

　訓練（教室）で実践（実務）さながらの恐怖感を体験することはできない、同様に実践で訓練ほど安全に失敗することはできない。訓練と実践との往復で高められた感性こそが重要であり、どちらかひとつに偏ることは望ましくない。しかしながら、米国ではMBA課程の入学者に対して実務経験を求めることは少なく、学部卒業直後に入学することも可能である。またそのMBA課程も平日昼間に授業を行うフルタイム型が主流であり、訓練しながら実践する機会は限られている。したがって、実務経験を持たないMBA取得者が管理職候補として採用/厚遇される例は珍しくない。こうした現実をミンツバーグ教授が疑問視した3年後に、MBAが「世界」を滅ぼしかねない状況（リーマンショック）が生じた。

v　Mintzberg, H. (2005). Managers Not MBAs: A Hard Look at the Soft Practice of Managing and Management Development. Berrett-Koehler Publishers.

国際認証の視点

　名商大ビジネススクールが国際認証の取得を通じて得た視点とは、スクールミッションを実現させるための「動力源」をいかに内部化させるか？である。すなわち「科目」ごとにミッションとの関わりでの存在理由を与え、属人的になりやすい教育内容／手法にまで踏み込んだ改善を継続的かつ組織的に実施する仕組みづくりである。ビジネススクールを世界規模で認証する組織としてAACSB、AMBA、EQUISが3大国際認証機関と呼ばれ、これら国際認証の取得には教育課程、学修達成度、および研究実績などに関して定められた国際基準を満たすことが求められる。国や地域が異なれば学校教育制度も異なるため「MBA教育とは何か?」もしくは「高等教育機関におけるマネジメント教育とは何か?」という本質的な問いに対する国際基準としての役割を尊重して、世界のビジネススクールの約5％がこの国際認証に取り組んでいる。

　当然ながら国際認証機関ごとに重視領域は異なるのだが、3つの国際認証に共通しているのは、ミッション主導型の国際的な教育研究が求められる点である。ビジネススクールは人材育成目標から学習到達目標（Learning Goals、以下「LG」）を導出して、LGを達成させるためのコンテンツを教育課程として構築しなければならない。そして教育成果としての参加者のLG到達度を教員が直接測定しながら、その改善に向けて教育課程を再検討していくプロセスがAoL（Assurance of Learning）と呼ばれている。まさにミッションを実現させるために教育課程が存在するという大前提を教員自らが理解して、その実現に向けて組織的に行動することが求められるのである。

　米国を拠点とするAACSBは大学のミッションを重視する機関として知られている。LGはミッションから「導出可能」かつ「測定可能」な要素であることが求められる。さらに、LGは特定の学問領域に対する理解度

／知識量ではなく、学位課程の履修を通じて育成されるべき測定可能な行動特性（コンピテンシー）とするのが共通理解である。AACSBは「機関認証」を行うため、マネジメント教育を提供する学部教育と大学院教育が一体で認証を取得する必要がある。それは、ビジネススクール教育に関する長年の歴史を有する欧米社会では、前述の通り学部と大学院は不可分の存在と考えられているためである。しかしながら、日本国内ではビジネススクール教育が2000年以降の専門職大学院制度をきっかけとして広まった経緯から、ビジネススクール＝経営大学院として解釈されることが多い。間違いとはいえないが、海外からの訪問者には理解されにくいだろう。

一方で英国を拠点とするAMBA（Association of MBAs）の場合は、MBA教育に特化した「課程認証」を実施して、教育課程の細部にわたり審査を行うのが特徴である。MBA教育とはいかにあるべきか、という点に強いこだわりを持ち、実務経験年数や年間入学者数に関しても厳格な条件を設定していることで知られている。AMBAの最大の特徴は、MBA教育を通じて育成されるべき13の行動特性が明確に規定されており、それらが全参加者に対する必須科目群（コアカリキュラム）でなければならない点である。MBAの三文字を冠した学位を提供する教育課程は自動的に認証審査の対象となり、5年ごとに実施される実地審査においては、どの科目がAMBAの規定する13領域に対応しているのか、使用したケースまで精査されることになる。加えて、国際的に活動する企業や教育機関との交流ネットワークがどの程度機能しているかを重視するのもAMBAの特徴である。

そして欧州を拠点とするEFMDが提供するEQUIS認証は、ビジネススクールの教育、研究、および運営における国際性について重点的に審査する傾向にある。あらゆる側面において国際化が求められるため、英語での学位課程（MBA/MSc）を提供している事が実質的に不可欠とも考えられている。その中でも国内ビジネススクールにとって最も難易度の高い課題は「研究成果の国際性」であろう。単に論文が英語で書かれていれば良いのではく、引用頻度の高い（他の研究に影響を与える可能性の高

い）査読誌への掲載が競争領域である。EQUISは教員に対して国際的な「研究者」であることを求めるのである。当然ながらこの認証基準に対応可能な教員は限られているため、国内外から優秀な研究者を採用することが求められる。さらにEQUISは、企業倫理、ガバナンス、および持続可能な経営といったリーマンショックに対応したテーマを重点領域としていることでも知られている。

このように、どの国際認証機関も審査領域を差別化しているため、各ビジネススクールはミッションと親和性の高い認証を選択したうえで、改善していくべき戦略項目に数値目標を設定して、教員組織がその目標に向かっていくことが求められている。

倫理を教え始めたビジネススクール

最後に、これら3つの国際認証機関とコアカリキュラムとの関連で注目すべきは「企業倫理」に対するアプローチである。リーマンショックの後に、ビジネススクールはこの金融危機に対して「有罪」なのか、それとも「無罪」なのかという責任論が、AACSBをはじめとする認証機関の国際会議で幾度となく議論された。事実、金融危機の舞台となったウォール街の住人を育成していたのは他ならぬビジネススクールであった。高額なビジネススクールの授業料を卒業後に回収すべく、卒業生は高収入が期待できる金融街に職を求め、またビジネススクールもその金融街のニーズを教育課程に反映させて、ファイナンス教育に力を入れていたのである。

ビジネススクールが有罪とは少々乱暴な表現ではあるが、「会社というのは金儲けを行うための道具だ」という企業用具説なる立場が存在する。ミンツバーグの指摘が予言したように、MBA教育が提供した経済合理性を追求するサイエンスを極限まで駆使した結果、リーマンショックを引き起こ

したという考え方である。ビジネススクールはこれを教訓にできないのか? 高等教育機関として無力なのか?という議論に対してAACSB、AMBA、EFMDがともに到達した答えが「ビジネス倫理」である。

倫理を教室で「教える」ことは到底不可能であろう、そもそも倫理とは業界、地域、宗教、時代、など多くの要因によって影響を受ける領域であり、そこに「The Answer」などない。と同時に、倫理と接点を持たない学問領域など存在しないのも事実である。例えば、話題のBig DataやAIであれば、経営者としていかに情報資産と向き合うか（大学生の就職活動データを販売対象とするか否か）など、倫理面からのアプローチは教員の腕の見せ所である。倫理的な問いかけを特定の科目や特定の教員に押しつけるのではなく、体系的に構築された教育課程全体でいかに向き合うかが今のビジネススクールに求められている。

今後のコアカリキュラムの動向

コアカリキュラムとは必修科目群であり、ビジネススクールとしての共通した到達目標である。したがって、コアカリキュラムは学問領域ではなく、ミッションを追求するうえで育成すべき行動特性から定義されるべきである。そして理想形としての行動特性は時代とともに変化することを意識しておかなければならない。近年の動向としては、卒業後の進路が従来の金融街から新興IT企業へと変化している点を意識して、起業家育成、デザイン思考、デジタル変革、女性リーダーなどに対応したコアカリキュラムの開発が求められている。

コアカリキュラムに関連して、その開講形式、教授法、および参加者にも変化がみられる。まず、開講形式については一時的にせよ離職することが必要なフルタイム型から、働きながら学び直すことが可能なパートタイム

型に移行している。次に、教授法についても伝統的な教室内での対面式授業から、最新技術を活用したオンラインの要素を組み合わせることが不可避になっている。最後に、MBA参加者の多様性が飛躍的に高まっている点など、ビジネススクールを取り巻く環境は確実に変化している。

　時代が変われば、育成すべき人材像も変わり、ミッションも変わり、コアカリキュラムも変わり、教員の意識や教授法も変化しなければならない、という当たり前の基本姿勢が国内ビジネススクール運営に携わる者にとって共有されることを願っている。

オンライン授業への挑戦

　2020年3月7日に開催されたFD会議[vi]は緊張感に溢れていた。話題は公衆衛生悪化に伴う遠隔授業への全面移行に関する情報提供である。2月下旬には交換留学生の出入国が困難となり、状況の悪化を察知した多くの国際認証校は遠隔授業への移行準備を水面下で進めていた。遠隔授業を実施するための設置基準上の要件は承知していたが、学生の反応は未知数の状態での準備である。どうすれば討論型授業が遠隔で成立するのか？私たちに残された準備期間は1ヶ月、会議では8名の遠隔授業の担当経験者が自らの体験談を語り、互いを勇気づけていた[vii]。

　遠隔授業は3種類（同期型/収録型/配布型）存在して、玉石混交の状態であるがゆえにその教育効果に懐疑的な立場の教員は少なくない。私たちは教室空間と同一の機能を仮想空間に求めるのではなく、教育機関としての原点に立ち返ることを重視した。特に、教室空間を最大限活用するケースメソッド授業を仮想空間で実践するためには、未成熟なシステムを批判するのではなく「入手可能な環境で最高の授業を提供する」柔軟な姿勢が必要不可欠であった。FD会から3日後の3月10日、ハーバー

ド大学は学部および大学院の授業を3月23日の新学期から遠隔方式に切り替えることを公表した。

　心の支えは、教育を継続しようとする強い信念、ライブ型遠隔授業の運用実績（厚生労働省委託事業）、遠隔授業に関するHBSPからの情報提供 ^ⅷ、そして長年に亘り継続してきたノートパソコン無償譲渡制度であった。 残された1ヶ月、教員は情報交換と検討会を重ね、職員も学生への説明会を繰り返しながら、授業参加、出席確認、定期試験、および成績評価に関する方針を練り上げた。 新年度のめどが立ち、実施体制の報告を行うべく竹内伸一教授と文部科学省に向かったのは、非常事態宣言の発令直前の3月27日であった。 そして授業開始まで6時間を切った4月5日の深夜、ライブ配信用の遠隔スタジオが30室完成した。

　5大陸33カ国から学生が参加した春学期は当初予定通りの日程で完了し、授業満足度は前年度の教室授業と同一の数値となり、出席率は大幅に高まる結果となった。 ケースメソッド授業は豊かな学修経験を提供すると同時に教育機関を強くする、そう実感した春であった。

最後に

　ビジネススクールがリーダー教育を行ううえで、避けて通れないのがケースメソッドの実践である。 ケースメソッドのみがリーダー教育と主張することは慎むが（若干内心そう思っている）、この手法を教育文化として組織的に実

ⅵ　Faculty Developmentの略、大学教員の能力を高めるための実践方法を検討する会議。
ⅶ　名古屋商科大学の遠隔授業に関する詳細な報告は以下を参照されたい。IDE大学協会編『IDE現代の高等教育』第623巻（2020年8-9月号）pp.20-22
ⅷ　https://hbsp.harvard.edu/inspiring-minds/8-tips-for-teaching-online（Harvard Business School Publishing 3/29/2019）

践するためには、資源ベースの観点でハード・ソフト・コンテンツの3要素が鍵となる。ハードとは教育装置としての教室や黒板、ソフトとは教員および参加者、そしてコンテンツとは教材としてのケースであり、これら必要条件としての3要素を教育目的の下で有機的に機能させる「チカラ」が働かなければ定着は困難である。名商大が約30年間の経営大学院としての歩みの中でケースメソッドと出会い、教育文化として定着させる一環で教育学（Pedagogy）のチカラを借り、教員構成の1領域として内包できるのは、高等教育機関として極めて名誉なことである。

　繰り返しになるが、MBA教育とはリーダー育成の場である。会社や社会を幸せにしたいと本気で願う者が集い、討議し、内省し、信念を形成する場。制約が強い状況でいかにリーダーとして選択し行動すべきかについて考える精神修行の場でありたい。私たちが追い求めるマネジメント教育とは社会を豊かにするリーダーを育成するための学問、決してその理論や知識を自慢げに振りかざすための「道具」ではない。

　最後にもう一言だけ、MBAを目指す友人たちに。今こそ「自分と向き合え」。それはリーダーの宿命、あなた方の運命だ。

名古屋商科大学 理事長

栗本 博行

NUCB BUSINESS SCHOOL ｜ケースメソッド MBA 実況中継 03

ビジネスモデル
Business Model Design

発行日　2020年9月25日　第1刷

Author

小山龍介
第1章執筆
竹内伸一（名古屋商科大学ビジネススクール教授）
おわりに執筆
栗本博行（名古屋商科大学理事長）

Book Designer

加藤賢策　守谷めぐみ（LABORATORIES）

Publication

株式会社ディスカヴァー・トゥエンティワン
〒102-0093　東京都千代田区平河町2-16-1
平河町森タワー11F
TEL 03-3237-8321（代表）
　　 03-3237-8345（営業）
FAX 03-3237-8323
http://www.d21.co.jp

Publisher

谷口奈緒美

Editor

千葉正幸（編集協力｜森脇早絵）

Publishing Company

蛯原昇　梅本翔太　原典宏　古矢薫　佐藤昌幸
青木翔平　大竹朝子　小木曽礼丈　小山怜那
川島理　川本寛子　越野志絵良　佐竹祐哉
佐藤淳基　志摩麻衣　竹内大貴　滝口景太郎
直林実咲　野村美空　橋本莉奈　廣内悠理
三角真穂　宮田有利子　渡辺基志　井澤徳子
小田孝文　藤井かおり　藤井多穂子　町田加奈子

Digital Commerce Company

谷口奈緒美　飯田智樹　大山聡子　安永智洋
岡本典子　早水真吾　三輪真也　磯部隆
伊東佑真　王廳　倉田華　榊原僚　佐々木玲奈

佐藤サラ圭　庄司知世　杉田彰子　高橋雛乃
辰巳佳衣　谷中卓　中島俊平　西川なつか
野﨑竜海　野中保奈美　林拓馬　林秀樹
牧野類　三谷祐一　元木優子　安永姫菜
青木涼馬　小石亜季　副島杏南　中澤泰宏
羽地夕夏　八木眸

Business Solution Company

蛯原昇　志摩晃司　藤田浩芳　野村美紀　南健一

Business Platform Group

大星多聞　小関勝則　堀部直人　小田木もも
斎藤悠人　山中麻吏　伊藤香　葛目美枝子
鈴木洋子　福田章平

Corporate Design Group

松原史与志　岡村浩明　井筒浩　井上竜之介
奥田千晶　田中亜紀　福永友紀　山田諭志
池田望　石橋佐知子　石光まゆ子　齋藤朋子
俵敬子　丸山香織　宮崎陽子

Proofreader

文字工房燦光

DTP

ISSHIKI

Printing

大日本印刷

ISBN978-4-7993-2664-0
©Ryusuke Koyama, 2020, Printed in Japan.

Discover

人と組織の可能性を拓く
ディスカヴァー・トゥエンティワンからのご案内

本書のご感想をいただいた方に
うれしい特典をお届けします！

特典内容の確認・ご応募はこちらから

https://d21.co.jp/news/event/book-voice/

最後までお読みいただき、ありがとうございます。
本書を通して、何か発見はありましたか？
ぜひ、感想をお聞かせください。

いただいた感想は、著者と編集者が拝読します。

また、ご感想をくださった方には、お得な特典をお届けします。